LA
BUENA
TIERRA

JOHN ECKHARDT

CASA CREACIÓN

La buena tierra por John Eckhardt
Publicado por Casa Creación
Una compañía de Charisma Media
600 Rinehart Road
Lake Mary, Florida 32746
www.casacreacion.com

Traducido por: Yvette Fernández-Cortez | www.truemessage.co
Revisión de traducción: Nancy Carrera
Diseño de la portada: Lisa Rae McClure
Director de Diseño: Justin Evans

Originally published in English under the title:
The Good Land
Published by Charisma House
Charisma Media/Charisma House Book Group
Lake Mary, FL 32746 USA
Copyright © 2019 John Eckhardt
All rights reserved

Copyright © 2019 por Casa Creación
Todos los derechos reservados

Visite la página web del autor: www.johneckhardt.global

Library of Congress Control Number: 2019950634

ISBN: 978-1-62999-303-4
E-book ISBN: 978-1-62999-304-1

Impreso en los Estados Unidos de América
19 20 21 22 23 * 5 4 3 2 1

TABLA DE CONTENIDO

Introducción

LA REVELACIÓN DE
LA BUENA TIERRA

EL MENSAJE QUE comparto en este libro empezó como una palabra profética durante un servicio de martes por la noche en la iglesia que pastoreo, *Crusaders Church*, en Chicago, Illinois. Yo profeticé sobre trasladarse a una buena tierra. Después de dar ese mensaje, empecé a hacer un estudio en la Escritura con relación a "la tierra": la tierra de Canaán, la Tierra Prometida, la tierra heredada y la buena tierra. Estudié más sobre este tema de lo que había investigado antes, y lo que descubrí se convirtió en un libro virtual, pequeño, que lancé en 2018 y que ahora se ha expandido a este libro que tiene en sus manos. Creo que la revelación en este libro estimulará su fe y le animará a vivir en las promesas de Dios.

Me gustan los estudios bíblicos por palabras que me llevan a ver las Escrituras de una manera nueva. En muchos de mis libros he tomado ciertas palabras o conceptos derivados de versículos famosos con los que nos hemos familiarizado y los he presentado con una revelación fresca de lo que Dios está diciéndole a su pueblo hoy día. Hebreos 4:12 dice que la Palabra de Dios es "viva y eficaz" (LBLA), lo que significa esencialmente que cualquier parte de ella puede tomar un nuevo significado para usted y para su vida en la medida en que incluya al Espíritu de Dios en su tiempo de estudio o devocional. También significa que puede recibir una revelación tan poderosa que es redargüido a creer de manera diferente, lo que muchas veces puede llevar a una nueva vida en Dios incluso si lo ha estado siguiendo a Él durante muchos años.

Esto me ha sucedido una y otra vez. El Espíritu de Dios cobra vida a través de las Escrituras y nos permite crecer de fe en fe y de gloria en gloria en la medida en que leemos y estudiamos las Escrituras.

¿Se ha visto alguna vez leyendo una escritura que conoce o que ha escuchado varias veces en la iglesia, pero en ese día en particular, su significado se vuelve completamente nuevo para usted? ¿Hasta dónde ha llevado usted esta revelación? Cuando esto me sucede, me inclino a profundizar en la Palabra de Dios para ver qué más quiere Él mostrarme con referencia a la palabra o idea. Luego, busco todas las formas en la que palabra ha sido utilizada en la Escritura, y muchas veces, la revelación es tan significativa que me siento guiado a predicar sermones, a escribir libros y a presentar conferencias y seminarios solamente de esa palabra. Tanto mis reuniones de adoración *Asaph* y la conferencia *Chayil* surgen de una revelación de escrituras conocidas.

Los estudios de palabras bíblicas ayudan a ampliar nuestro entendimiento de la Palabra de Dios viva y eficaz. Deberíamos de estar siempre en busca y en espera de revelación nueva en lo que se refiere a la lectura y al estudio de la Palabra de Dios. Cuando ve cómo son usadas ciertas palabras a lo largo de la Escritura, examinando los significados en griego, hebreo y arameo, obtendrá un entendimiento mayor de las verdades bíblicas.

La revelación de la nueva tierra que Dios provee tanto espiritual como físicamente para su pueblo es tal que yo creo que desafiará su fe y hará que usted espere y experimente un avance mayor en muchas áreas de su vida. Otros conceptos que sobresalieron cuando estudiaba las palabras *buena* y *tierra* en la Escritura fueron "la grasa y la grosura" y "la suculencia del trigo". La buena tierra es la que produce las cosechas más finas y abundantes: espiritual, financiera y más; un hogar seguro, apacible y próspero, una tierra que testifica de la fidelidad y la gloria de Dios en la vida de un creyente. Al iniciar este estudio sobre la buena tierra, prepárese para recibir una perspectiva nueva de la prosperidad y las bendiciones del Señor.

¿Qué es la buena tierra?

La buena tierra es una imagen del reino, de vivir en el reino, de vivir en Sion, de vivir en el ámbito de la gloria y de vivir en las promesas de Dios. La buena tierra es el país de Dios. Es un lugar donde la bondad, la abundancia, la prosperidad, la excelencia, la innovación, la belleza, el alimento, la bendición, la satisfacción, la plétora y la gloria son formas de vivir. Es la tierra de la suculencia, lo mejor y más escogido de la carne y los granos. Es un lugar donde somos alimentados, protegidos y seguros. Recibimos cosechas abundantes, y todas nuestras obras son productivas en la buena tierra. Es un lugar donde engordar y crecer es una imagen espiritual de prosperidad, riqueza y unción. Yo tengo una pasión por ver a la gente viviendo en prosperidad, abundancia, paz, gozo y victoria en la tierra que Dios nos ha prometido en Cristo.

La primera vez que las palabras *tierra* y *buena* se mencionan en la Escritura, están relacionadas al oro: "y el oro de aquella tierra es bueno; hay allí también bedelio y ónice" (Génesis 2:12). El oro representa la riqueza y la prosperidad. ¡Muchos creyentes fallan en reconocer que el cielo es un lugar de riqueza! Allí no hay pobreza. No hay hambruna. No hay desesperación. La prosperidad incluye finanzas, pero no está restringida a las finanzas solamente.

La bendición, la redención y la restauración también habitan allí. Heredamos y disfrutamos las promesas de Dios en la buena tierra. A medida que estudiaba los pasajes de la Escritura donde las palabras *buena* y *tierra* se usaban juntas, recibí una revelación de la paz, el gozo y la justicia que podemos experimentar cuando entendemos que, gracias a Cristo, habitamos en la buena tierra.

La buena tierra es también una imagen de la Tierra Prometida a la que Dios estaba guiando a Israel después de su salida de Egipto. Él los guiaba al lugar físico llamado Canaán. Dios mismo los llevó a la buena tierra, una tierra de leche y miel (Éxodo 3:8; Números 14:8; Deuteronomio 31:20; Ezequiel 20:15), tal como se lo prometió a su antepasado Abraham (Génesis 12:7).

Hoy día, el pueblo de Dios entra a la buena tierra a través de Jesucristo, ya que ahora, por fe, nos hemos convertido en la simiente espiritual de Abraham (Romanos 11:11-31). La buena tierra ya no es un lugar físico, sino que ahora es una representación espiritual de lo que fue comprado para nosotros por medio de la obra terminada de Jesús en la cruz. Es una metáfora de nuestra herencia espiritual en Cristo y de las bendiciones que tenemos como resultado. Así que ahora, gracias a Cristo, los santos de Dios habitan y poseen esta tierra por fe.

A medida que entramos en la buena tierra por fe, es importante reconocer que la fe empieza por entender y aceptar las promesas de Dios. La fe declara las promesas, se afianza en las promesas y lucha contra el infierno con las promesas. Esta es una clave para entrar a la buena tierra, debido a que es en la tierra de la promesa donde heredamos y disfrutamos todas las promesas de Dios, donde las promesas de Dios son sí y amén (2 Corintios 1:20). Jesús hizo un camino para que nosotros entráramos a las promesas de Dios. Él es la puerta y provee un acceso ilimitado. ¡Imagínese un pase espiritual de acceso a todo! Esta es una imagen profética de lo que Jesús hizo por nosotros para que pudiéramos tener acceso a todas sus promesas.

Repito, a través de Cristo nos convertimos en ciudadanos de la buena tierra. Somos llamados a andar por fe y no por vista (visión natural). Cuando entendemos el ámbito de la fe, podemos asociarnos con el cielo para entrar en esa tierra.

> Ahora bien, a Abraham fueron hechas las promesas, y a su simiente. No dice: Y a las simientes, como si hablase de muchos, sino como de uno: y a tu simiente, la cual es Cristo.
>
> —GÁLATAS 3:16

> Y si vosotros sois de Cristo, ciertamente linaje de Abraham sois, y herederos según la promesa.
>
> —GÁLATAS 3:29

Nuestra herencia

> Bienaventurados los mansos, porque ellos recibirán la tierra por heredad.
>
> —MATEO 5:5

Tierra en el lenguaje griego original de la Biblia es *ge*, lo que significa literalmente "tierra".[1] Esa es una distinción muy grande porque, cuando usted escucha o lee la palabra *Tierra*, podría pensar en todo el planeta: el globo terráqueo, en que los mansos heredarán todo el planeta; sin embargo, cuando piensa en tierra, el concepto del área física se ajusta para indicar solamente una porción o territorio del planeta. Claro está, cuando Dios envió a Israel a poseer la tierra, ellos no iban a poseer todo el planeta. Poseían el territorio de Canaán, su "tierra", desde Asmón hasta el torrente de Egipto al mar Mediterráneo hasta el monte de Hor, el mar de Galilea al río Jordán y al mar Muerto. Dios les dio parámetros. (Vea Números 34:1-12).

Cuando Jesús dijo, en Mateo 5:5, que los mansos heredarían la tierra, Él tenía ciertas líneas fronterizas espirituales en mente. Aunque el versículo se cita comúnmente, hay mucho más de lo que se ve superficialmente. Él no se refería a todo el planeta físico, sino a una tierra espiritual especial —apartada para quienes lo aman— que ellos heredan en la medida en que entran en comunión con Él.

Permítame compartirle varias escrituras que hablan de la buena tierra. Una es el Salmo 25:13. Dice: "Gozará él de bienestar, y su descendencia *heredará la tierra*" (énfasis añadido). Todos los demás se hallan en Salmo 37, donde se menciona la frase *heredarán la tierra* cinco veces. Este es un salmo poderoso que empieza con: "No te impacientes a causa de los malignos, ni tengas envidia de los que hacen iniquidad. Porque como hierba serán pronto cortados, y como la hierba verde se secarán. Confía en Jehová, y haz el bien; y habitarás en la tierra, y te apacentarás de la verdad" (versículos 1-3). Jesús cita del Salmo 37 cuando dice en Mateo 5:5, "Bienaventurados los mansos, porque ellos recibirán la tierra por heredad".

Ahora veamos estos cinco versículos:

> Porque los malignos serán destruidos, pero los que esperan en Jehová, ellos *heredarán la tierra*.
> —Salmo 37:9, énfasis añadido

> Pero los mansos *heredarán la tierra*, y se recrearán con abundancia de paz [*shalom*].
> —Salmo 37:11, énfasis y corchetes añadidos

> Porque los benditos de él *heredarán la tierra*; Y los malditos de él serán destruidos.
> —Salmo 37:22, énfasis añadido

> Los justos *heredarán la tierra*, y vivirán para siempre sobre ella.
> —Salmo 37:29, énfasis añadido

> Espera en Jehová, y guarda su camino, y él te exaltará para *heredar la tierra*; Cuando sean destruidos los pecadores, lo verás.
> —Salmo 37:34, énfasis añadido

Entonces, ¿qué significa esto sobre heredar la tierra? Primero, creo que todas las promesas de Dios se cumplen en Cristo. Cristo es el cumplimiento de todas las promesas y de todos los tipos y sombras del antiguo pacto. Como parte del antiguo pacto, Dios le dijo a Israel: "Te llevaré a la buena tierra. Esta va a ser tu herencia. Esta será tu posesión". (Vea Deuteronomio 5:31; 6:1 y 26:1). Sin embargo, la herencia de la tierra física era algo que era temporal, terrenal, físico y natural. Era un tipo de algo mayor, lo cual hallamos en Cristo.

Entender los tipos y sombras bíblicas

Es importante, en términos de clasificar correctamente la Palabra de Dios, conocer la diferencia entre los tipos y los símbolos y el cumplimiento que hay en Cristo. Todos los antiguos tipos y símbolos: Israel, la tierra, la montaña, las fiestas —la Pascua, el Pentecostés, los Tabernáculos— el sacerdocio, los sacrificios…Todas estas cosas fueron tipos y sombras de una realidad mayor en la que el cumplimiento es Cristo.

Así que, cuando la Escritura dice: "los mansos heredarán la tierra" o "los justos heredarán la tierra" es una imagen del antiguo pacto de lo que heredamos en Cristo. La tierra es Cristo —Cristo es la Tierra Prometida. Cristo es nuestra heredad. Así que las bendiciones, la prosperidad, la paz, *shalom*, el favor, la tierra que fluye leche y miel— todos estos son tipos y símbolos de lo que significa vivir en Cristo y andar y vivir en el Espíritu.

Lo interesante es que el libro de Salmos fue escrito casi mil años después de que Josué guio al pueblo de Israel a Canaán; sin embargo, aún encontramos varias referencias a heredar la tierra en el Salmo 37. ¿Por qué el Espíritu de Dios hablaría a través del salmista sobre heredar la tierra cuando habían pasado cientos de años desde que Josué llegó a la tierra? ¿Por qué la Palabra de Dios todavía habla de poseer la tierra?

Luego, en Mateo 5, mil quinientos años aproximadamente

xiv | La buena tierra

después de Moisés y Josué, Jesús habla nuevamente sobre heredar la tierra. Evidentemente, Israel no poseía el territorio, la tierra, o Dios se estaba refiriendo a algo mucho más grande que el territorio físico y la tierra física.

después de Moisés y Josué, Jesús habla nuevamente sobre heredar la tierra. Evidentemente, Israel no poseía el territorio, la tierra, o Dios se estaba refiriendo a algo mucho más grande que el territorio físico y la tierra física.

¿Podría ser que la buena tierra se trate del Espíritu de Dios atrayendo nuestro enfoque a algo mayor que un territorio físico? Esto es muy importante porque mucha gente hoy día, cristianos especialmente, están enfocados en el Medio Oriente: lo que sucede en Israel, en la franja de Gaza y en Palestina, como si ese fuera el enfoque el reino, un territorio físico. Ellos pasan por alto el hecho de que la tierra a la que Dios envió a Israel —y, por favor, comprenda esto porque debe entender tipos, sombras y figuras para poder clasificar correctamente la Palabra de Dios— es una representación natural de algo mucho más grande en el espíritu. Aunque fueron enviados a esta tierra física, debemos entender que Dios tiene algo mucho más grande en mente que solo un territorio físico. El reino de los cielos es mucho más grande que eso.

Para algunos cristianos, cuyos ojos están tan concentrados en lo natural y lo físico que se pierden de la realidad espiritual de lo que poseemos en Cristo, puede ser un problema aceptar esta perspectiva más amplia.

¿Pudiera ser que la tierra que se le dijo a Israel que poseyera fuera una imagen de algo más grande, algo que ahora poseemos en Cristo? Yo creo que lo es. Lo que poseemos en Cristo es el cumplimiento de la imagen y la sombra de lo que Israel poseyó al entrar a una tierra física. Entonces, literalmente, Cristo es la buena tierra, vivir en Cristo. Vivir en el Espíritu es la buena tierra, esa es la tierra que se nos dio.

Permítame guiarle a través de un ejemplo de cómo un tipo y una sombra puede leerse en el Antiguo Testamento y luego verlo cumplido en el Nuevo Testamento. El libro de Deuteronomio dice esto:

Porque el Señor tu Dios te trae a una tierra buena, a una tierra de corrientes de *aguas*, de fuentes y manantiales que fluyen por valles y colinas.

—Deuteronomio 8:7, LBLA, énfasis añadido

¿Qué representa el agua en la Biblia? Representa al Espíritu de Dios. Jesús dijo en Juan 7:38, refiriéndose al creyente: "De su interior correrán ríos de agua viva". Y en Juan 4, Él dijo: "el agua que yo le daré será en él una fuente de agua que salte para vida eterna" (versículo 14).

La buena tierra es una imagen de una vida llena del Espíritu: adoración, profecía, palabras de conocimiento y sabiduría, discernimiento, lenguas, interpretación, milagros, los dones del Espíritu, vida en el Espíritu. Esta es la buena tierra. Fluir en el Espíritu, operar en el Espíritu. Esa es la buena tierra. Eso es lo que tenemos en Cristo. La vida nunca debería ser aburrida cuando uno tiene al Espíritu de Dios fluyendo consistentemente. Su vida debería estar llena de agua, llena de fuentes, llena de profundidad y llena del río de Dios (Salmo 46:4). El agua del Espíritu de Dios debería estar fluyendo siempre en su vida; si no lo está experimentando, usted no está viviendo en la buena tierra. Y si lo permite, el enemigo le robará todo lo que significa vivir en la buena tierra, vivir en las bendiciones del Espíritu de Dios.

A medida que estudia la tierra y ve todas las cosas que el pueblo de Israel heredó, dese cuenta de que estos son tipos y sombras de lo que tiene en Cristo. Así que, cuando Cristo dijo: "Bienaventurados los mansos, porque ellos heredarán la tierra" (Mateo 5:5), Él no está refiriéndose a algo físico; se está refiriendo a algo mucho más grande que lo físico. Se está refiriendo a vivir en el reino, a vivir en Cristo, a la salvación, la redención, la liberación, la sanidad, la abundancia, la adoración, la gloria, el gozo, la paz y shalom. Esta es la buena tierra.

Los mansos

Bienaventurados los mansos, porque ellos recibirán la
tierra por heredad.

—MATEO 5:5

Si se pregunta quiénes son "los mansos", permítame descubrir el misterio: usted es el manso. La buena tierra es parte de su herencia en Cristo. Usted está bendecido y es un heredero de la tierra. ¡Es suya en Cristo!

Los mansos heredan la tierra (territorio). Se deleitan en la prosperidad abundante. Los mansos pueden tener lo mejor.

En cambio, los humildes [los mansos] recibirán la tierra
y los pobres disfrutarán de abundante prosperidad.
—SALMO 37:11, PDT, CORCHETES AÑADIDOS

La tierra que Dios da es la mejor de todas. A esto se le llama el país de Dios. Los obedientes, los favorecidos, los mansos y los sabios disfrutan de lo mejor y más suculento del país de Dios. Estos son los que temen al Señor, escuchan su voz y hacen lo que Él dice. Dios los alimentará de lo mejor de la tierra.

Entonces te deleitarás en el Señor. Yo te haré cabalgar
sobre las alturas de la tierra, y te daré a comer (lo mejor)
de la heredad de tu padre Jacob. Porque la boca del
Señor ha hablado.
—ISAÍAS 58:14, RVA-2015

"Lo mejor" es una parte de la herencia de los santos que viene a través de la simiente de Abraham, la cual es Cristo mismo. La versión Reina Valera Revisada 1960 dice: "te daré a comer de la heredad de tu padre Jacob". Esta es una buena herencia o una heredad hermosa (Salmo 16:6, RVA-2015). Como simiente espiritual de Abraham ahora injertada, nuestra herencia es la mejor de todas.

Ahora podemos comer de lo más suculento del trigo y de la grosura, que es la porción del Señor del mejor sacrificio. La grasa era importante para Dios. A Israel se le ordenó ofrecer la grasa como un sacrificio. (Vea Levítico 3:14 y Números 18:17). En los próximos capítulos, exploraremos el significado de la grasa y de la grosura ya que concierne al ingreso a la buena tierra y a lo mejor de Dios.

Los mansos son humildes, enseñables y capaces de ser corregidos por Dios. Están dispuestos y son obedientes; por lo tanto, ellos se alimentan de la buena tierra (Isaías 1:19).

Cuando lee la frase *bienaventurados los mansos*, sabe que se trata de Jesús y nuestro ser restaurado a través de la salvación a la imagen y semejanza de Él. Jesús es una imagen de los mansos. En Mateo 11:29, dijo que Él era manso y humilde de corazón. Él ha heredado la tierra en el sentido de que Él posee el mundo entero.

El Salmo 2:8 dice: "Pídeme, y te daré las naciones como herencia tuya, y como posesión tuya los confines de la tierra" (LBLA). Este versículo habla de la promesa del Padre para el Hijo, quien se convierte en Rey. El dominio de Cristo está sobre toda la tierra. Jesús es la personificación de la mansedumbre, y cuando entramos en Cristo, aceptamos todo lo que Él es; por lo tanto, adoptamos su mansedumbre. Su mansedumbre se convierte en parte de nuestra vida. No podemos ser mansos apartados de Cristo.

Todas las promesas que se nos revelan a través de las Escrituras y por medio del Espíritu de Dios se hallan y se cumplen en Cristo. Así que bienaventurados los mansos, bienaventurados aquellos que están en Cristo, el Manso, porque ellos heredarán la tierra, o poseerán el territorio.

Un lugar de libertad

En todo lo que Dios hizo para sacar de la esclavitud a Israel y llevarla a una buena tierra, se plasma una imagen de cómo

Dios ve a sus hijos, de cuánto le agrada llevarles libertad. De hecho, todo en Dios grita ¡libertad! La Biblia dice: "donde está el Espíritu del Señor, allí hay libertad" (2 Corintios 3:17, NVI). La unción, que se compara con el aceite de oliva que fluye libremente en la buena tierra, ¡destruye los yugos! Desata y destroza todo lo que le ha ligado a la atadura. Esta es una de las razones por las que el enemigo detesta el poder de la unción. Esta lo sacará de la pesadez y la opresión. La presencia y la gloria de Dios está en la buena tierra. Hay libertad en su gloria, la cual no puede separarse de su presencia. Es una misma cosa. Uno no puede estar en la presencia de Dios y permanecer atado.

> Y he descendido para librarlos de mano de los egipcios, y sacarlos de aquella tierra a una tierra buena y ancha, a tierra que fluye leche y miel, a los lugares del cananeo, del heteo, del amorreo, del ferezeo, del heveo y del jebuseo.
> —Éxodo 3:8

Dios no solo quiere sacarlo de la atadura; Él quiere llevarlo a un lugar bueno y próspero donde reina la libertad. Es una acción de dos partes. Primero, lo saca de la tierra de la atadura y la opresión y, luego, lo lleva a la tierra de la promesa. Usted es libertado para trasladarse a la buena tierra. Es libertado para ir a un lugar grande, un lugar de abundancia.

> Hiciste cabalgar hombres sobre nuestra cabeza; Pasamos por el fuego y por el agua, y nos sacaste a abundancia.
> —Salmo 66:12

La buena tierra es una tierra sin escasez. No hay carencia. La abundancia de Dios fluye gratuitamente en la buena tierra.

> Tierra en la cual no comerás el pan con escasez, ni te faltará nada en ella; tierra cuyas piedras son hierro, y de cuyos montes sacarás cobre.
> —Deuteronomio 8:9

Aprópiesela por fe

Sin una revelación de Cristo, de quién es Jesús, usted no tendrá la revelación de la buena tierra, tampoco podrá habitar en ella. Desafortunadamente, muchos creyentes aceptan a Cristo sin saber quién es Él en realidad. Cristo es nuestra buena tierra.

¿Recuerda cuando Jesús les preguntó a los discípulos: "¿Quién dicen los hombres que es el Hijo del Hombre?" (Mateo 16:13). Cuando finalmente Pedro respondió la siguiente pregunta de Jesús, "Y vosotros, ¿quién decís que soy yo?". Somos testigos de la respuesta de Pedro sobre quién era Jesús: "Tú eres el Cristo, el Hijo del Dios viviente" (versículo 16). Mi deseo es que la gente reciba una revelación de Cristo y, de esa manera, una revelación de la buena tierra.

Muchos creyentes no se han permitido vivir en la buena tierra a causa de la tradición, la religión, el temor, la duda, la incredulidad y de otras personas que no quieren vivir en la buena tierra y le impedirán que entre en ella, a pesar de que la Biblia dice que usted heredará la tierra, el territorio. Ellos nunca usan su fe para apropiarse de esto.

Por eso, he escrito este libro —*La buena tierra*— para enseñarle cómo heredar todas las promesas de Dios por medio de la fe y de una revelación de Cristo. Espero estimular su fe para que sepa lo que le pertenece como hijo de Dios y la manera en que puede apropiarse de eso por fe. Estar en Cristo es más que ser salvo. Es más que ir al cielo. Es más que solo estar justificado. Hay bendiciones, beneficios y promesas muy, muy grandes que le llegan a usted como hijo de Dios.

Quiero que lea este libro, que medite en él y que empiece a confesar las promesas que contiene. Crea lo que Dios le está diciendo a usted en esta hora. Si está viviendo en mala tierra, si no está viviendo en la buena tierra, si no está disfrutando la plenitud que tiene en Cristo, quiero que lea este libro. Creo que por medio de la fe usted puede heredar las promesas, el descanso, el gozo, la paz, el favor, la gloria y todas las grandes cosas que nos pertenecen como resultado de heredar la tierra. La tierra sí le pertenece como hijo de Dios. Es una herencia espiritual. Es una tierra espiritual que le pertenece a usted. Y puede tenerla por fe si comprende lo que es la tierra, lo que representa y cómo la poseemos en Cristo.

Yo creo que Dios quiere que usted viva en la buena tierra y disfrute las bendiciones y promesas del Señor que están en Cristo. Mientras más revelación y entendimiento reciba, más confesará, creerá y andará en esto. Sin importar cuál sea su situación actual, la fe dará un giro drástico a su vida. La fe hará que usted se traslade de un lugar de pobreza, carencia, estrés, conflicto, pesadumbre, temor y ansiedad a un lugar de victoria, abundancia, gozo, shalom, favor y todas las promesas de Dios que están en Cristo y son sí y amén, lo que significa "así sea".

No permita que ninguna iglesia, denominación, doctrina, creyente, no creyente o familiar lo aparte de la tierra de la promesa mientras esté viviendo en la tierra, que lo separe de las bendiciones de Dios o que lo aleje de la plenitud de lo que Cristo tiene para usted. Empiece a confesar esto y créalo, aprópiese de ello por fe. Levántese. Salga de la esclavitud. Salga del desierto. Salga de ese lugar seco. Entre a la buena tierra y habítela todos los días de su vida.

¡La buena tierra es para usted!

El enemigo trabajará horas extras en su mente y emociones para mantenerlo en un estado de agotamiento y frustración para que crea que la buena tierra es para supersantos y no para usted. Eso es una mentira. Al igual que muchas personas con un inmenso potencial, hay veces en que uno se siente atorado fuera de sus promesas porque ha participado inconscientemente de las mentiras del infierno. Esta es una de las estrategias de

Satanás para lograr que usted crea las mentiras de él, que haga votos y participe con él con el objetivo de fortalecer a los espíritus demoníacos a fin de causar estragos en su vida.

Usted podría escuchar palabras como: "Las cosas nunca te saldrán bien". Usted empieza a estar de acuerdo con la mentira y a decirse a sí mismo: "Las cosas nunca me saldrán bien". Esta es la obra del enemigo, y en la medida que él influencia lo que usted dice, sus demonios honrarán su palabra. Ellos entienden el ámbito del pacto y lo mantienen a usted en las afueras de la buena tierra al sembrar mentiras en su corazón y en su mente.

Usted debe levantarse, romper con esas mentiras, renovar su mente y empezar a profetizar las bendiciones de la buena tierra. La buena tierra no es solo para otros; ¡es para usted! Como hijo de Dios, es amado, protegido y tiene provisión. Ha estado atorado y empobrecido durante suficiente tiempo. El enemigo lo ha atacado y drenado por demasiado tiempo; sin embargo, el cielo tiene recursos para cada área de su vida.

Niéguese a aceptar cualquier cosa que sea menos que las promesas de Dios. Levántese y crea en la bondad de Dios. Levántese y decrete que vivirá en la buena tierra. Levántese y afiáncese sobre la Palabra del Señor. Levántese y luche contra el diablo. Levántese y adore a Dios. Levántese y trasládese a un lugar de dulzura y gloria, al lugar de paz y promesa, y al lugar de gratificación. La buena tierra lo llama.

PARTE I

ENTRAR A LA BUENA TIERRA

Capítulo 1

POSEER LA TIERRA

POSEER LA TIERRA significa que usted la controla, y si la controla, tiene dominio. La tierra representa el dominio, el poder, la riqueza, la prosperidad, la abundancia y la paz. Cuando posee la tierra y echa fuera al enemigo, usted tiene paz. Entonces, la tierra llega a representar el descanso.

Las escrituras acerca de la tierra que hemos estado discutiendo hasta ahora y que discutiremos más adelante no están en la Biblia solamente para que la lea. Estas deben hacer que la fe aumente para que pueda creer lo suficiente a fin de estar motivado para agarrar todo lo que le pertenece. Dios quiere que usted tenga su tierra. Él quiere que reciba su herencia. Con los hijos de Israel, Dios le dio a cada tribu su propio territorio y su propio lugar de dominio. (Vea Josué 13-21). Había suficiente para todos. Así como les sucedió a los israelitas, usted podría tener que lidiar con gigantes y otros enemigos, pero Dios le dará las armas para derrotarlos: el arma de la fe, la Palabra de Dios, el poder de Dios y más. Él adiestra mis manos para la batalla y mis dedos para la guerra (Salmo 144:1). Él le da la estrategia para que pueda echar fuera al enemigo y poseer lo que le pertenece. Hablaremos más de esto en el capítulo 4, "Despejar la tierra".

Lo que hemos llegado a descubrir es que, de manera profética, Cristo es la tierra. A lo largo del Antiguo Testamento, vemos cómo el pueblo de Israel se trasladó de una tierra de

1

insuficiencia, Egipto, a una tierra de solo lo suficiente, el desierto, a una tierra de más que suficiente, Canaán, la Tierra Prometida, o la buena tierra. De ahí, obtenemos una revelación de cómo Dios hará esto por nosotros también. Él nos sacará del mundo, Egipto, la tierra de lo insuficiente, a través del desierto, donde nuestras necesidades a penas se cumplen; sin embargo, ahora Dios nos quiere llevar a la tierra de más que suficiente.

Esto aplica a usted aun si las finanzas no son un problema para usted. No todos en el reino son pobres o tienen problemas financieros, pero a todos nos vendría bien más gozo, paz, relaciones buenas, matrimonios y familias buenas, y mejor salud y bienestar emocional. A todos nos viene bien más bendiciones, gloria, poder y favor de Dios en nuestra vida; eso nos da una ventaja sobre el enemigo. Dios quiere ser su El Shaddai, el Dios de más que suficiente. Él ungirá su cabeza con aceite hasta que su copa rebose. La tierra de la promesa es una tierra que desborda, una tierra de cielo abierto, una tierra que desborda abundancia, donde la bondad y la misericordia lo seguirán todos los días de su vida.

Dios sacó a Israel de Egipto a través del desierto y le dijo al pueblo que fuera a la tierra de la promesa; sin embargo, Israel terminó quedándose en el desierto por cuarenta años. Solo para su información, no es la voluntad de Dios que viva en el desierto por un periodo extenso. Usted puede estar allí temporalmente mientras Dios lo saca de Egipto, lo saca del pecado, y lo lleva a la montaña de Dios, donde Él le enseña su Palabra y lo liberta.

Nunca fue la voluntad de Dios que Israel estuviera en el desierto durante cuarenta años. A causa de su rebeldía y necedad, toda la generación que fue libertada de Egipto terminó muriendo en el desierto. No tuvieron la fe para soportar el corto tiempo en el desierto mientras Dios los preparaba para cruzar hacia Canaán. Por la gracia de Dios, esta no será su historia. El plan de Dios para usted es salir del desierto y cruzar hacia la tierra de la promesa y la bendición.

Diez claves para poseer la buena tierra

Volvamos ahora al Salmo 37, y a algunos de los versículos que mencioné en la introducción. Quiero sacar diez claves que le ayudarán a poseer la tierra.

1. No se irrite

El Salmo 37:1-2 dice: "No te irrites a causa de los impíos ni envidies a los que cometen injusticias; porque pronto se marchitan, como la hierba; pronto se secan, como el verdor del pasto" (NVI).

La palabra *irrites* aquí, significa afligirse, enojarse o enfadarse. Por medio del profeta David, Dios nos desharía para que no nos enojemos a causa de lo que vemos ni nos enfademos por lo que la gente hace a nuestro alrededor. Dios tiene un plan para ellos, y Dios tiene un plan para usted. A medida que mantenga sus ojos en lo que Dios tiene para usted, confíe que Él tiene cuidado de todo lo demás. Los que hacen el mal son problema de Él.

2. Confíe en el Señor

> Confía en el Señor, y haz el bien; habita en la tierra, y cultiva la fidelidad.
>
> —SALMO 37:3, LBLA

No ponga su confianza en el hombre. Yo he aprendido esto a lo largo de los años de ministerio. Ni siquiera confíe en sí mismo. La carne siempre lo defraudará. Ponga su confianza en Dios. Enfóquese en Él y cultive la fidelidad. Crea en Él. Él es su poder y su fortaleza.

3. Haga el bien

> Confía en Jehová, y *haz el bien*.
>
> —SALMO 37:3, ÉNFASIS AÑADIDO

4. Deléitese en el Señor

> Pon tu delicia en el Señor, y Él te dará las peticiones de
> tu corazón.
>
> —SALMO 37:4, LBLA

¿Desea paz mental, una sensación de seguridad, de protección y de estabilidad; de provisión financiera, éxito en los negocios o el ministerio, buenas relaciones con la familia y los amigos, un conocimiento más profundo y el amor de Dios? Deléitese a sí mismo —"esté feliz por ello", "alégrese", vuélvase "suave o flexible"[1]— en las cosas de Dios, y Él le concederá cada uno de sus deseos.

5. Encomiende al Señor su camino

> Encomienda al Señor tu camino, confía en Él, que Él
> actuará.
>
> —SALMO 37:5, LBLA

Encomiéndele al Señor su camino, sus planes y sus propósitos, y vea cómo estos lo guían a la buena tierra.

6. Descanse en el Señor

> Guarda silencio ante Jehová, y espera en él. No te alteres con motivo del que prospera en su camino, por el hombre que hace maldades.
>
> —SALMO 37:7

7. Espere pacientemente en el Señor (Salmo 37:7,9).

> Los que esperan pacientemente en el Señor heredarán
> la buena tierra.

8. Deje la ira

> Deja la ira y abandona el furor; no te irrites, sólo harías
> lo malo. Porque los malhechores serán exterminados,
> mas los que esperan en el Señor poseerán la tierra.
> —Salmo 37:8-9, lbla

En Efesios 4:26-27, el apóstol Pablo dijo: "Airaos, pero no pequéis; no se ponga el sol sobre vuestro enojo, ni deis lugar al diablo". A veces, enojarse sobre lo que otros hacen puede ser una distracción de parte del enemigo. Nuevamente digo: "Deje a Dios ser Dios, y que sus enemigos sean esparcidos" (vea Salmo 68:1). Muchas veces, la ira puede hacer más daño que beneficio. Usted tiene una búsqueda y un propósito. No permita que las acciones de los demás hagan que usted se desvíe del objetivo al que Dios lo está guiando. Confíe en que Él le dará la estrategia para pelear las batallas dignas de ser libradas.

9. Sea humilde

En el Salmo 37, el profeta David habla cinco veces sobre heredar la tierra: versículos 9, 11, 22, 29 y 34; y en todas las cinco ocasiones, vemos que quienes heredan son los que son pacientes, mansos y justos. Esto es importante.

La palabra *manso* en el versículo 11 significa "humilde" y "modesto".[2] Dijimos que este era uno de los rasgos del carácter de Cristo. En esencia, los mansos son pacientes porque no están ansiosos de que lo que quieren se alinee rápidamente según sus deseos. No son orgullosos ni arrogantes.

Los justos, por definición, son humildes y pacientes ya que están en buena relación con Dios. Dios no los rechaza por su orgullo. Ellos experimentan la gracia y la misericordia de Dios, pues Dios resiste al orgulloso, pero le da gracia al humilde (Santiago 4:6). Ellos esperan pacientemente por Él, porque confían en el tiempo de Dios.

10. Acepte la gloria

> Entonces todos los de tu pueblo serán justos; para
> siempre poseerán la tierra, vástago de mi plantío, obra
> de mis manos, para que yo me glorifique.
>
> —Isaías 60:21, lbla

Una de las bendiciones de la gloria de Dios amaneciendo sobre usted, como se describe en Isaías 60:1, es que Dios lo sacará de un lugar de desolación, cautiverio y atadura para llevarlo a la buena tierra. Cuando la gloria de Dios viene, lo eleva a usted, lo promueve y lo bendice. Otro beneficio de la gloria de Dios es que lo lleva a la buena tierra.

La promesa de Dios, como resultado de la gloria, es que usted heredará la tierra. Una de las claves para heredar la tierra es permitir que la gloria, la luz, la excelencia, el resplandor y la presencia de Dios descanse sobre su vida. La gloria viene a través del Mesías —Cristo en usted, la esperanza de gloria (Colosenses 1:27). Aquí, Isaías nos habla de entrar en la promesa de Dios.

Los profetas de Dios, David e Isaías, compartieron estas cosas del corazón de Dios para edificar nuestra fe. La Biblia dice que si creemos en sus profetas, prosperaremos (2 Crónicas 20:20). Los profetas tienen una unción para iniciarnos en cosas buenas y nuevas, lugares de los que el enemigo nos quiere apartar. El diablo no quiere que usted entre a la tierra que Dios le ha prometido. Él usará cualquier cantidad de cosas para mantenerlo atado a los lugares y las cosas viejas, o a las tradiciones y las creencias limitantes. Sin embargo, usted debe liberarse. Si tiene que dejar a algunas personas, hágalo. Si ellas quieren quedarse en el desierto, déjelas; pero usted avance a la buena tierra. Use estas diez claves para que le ayuden a aceptar las promesas de Dios. Le pertenecen como hijo de Dios.

Desaloje la tierra seca

Dios hace habitar en familia a los desamparados; Saca a los cautivos a prosperidad; Mas los rebeldes habitan en tierra seca.

—SALMO 68:6

Bienaventurados los mansos, porque ellos recibirán la tierra por heredad.

—MATEO 5:5

Además de practicar las diez claves antes mencionadas, hay cosas que debe expulsar de su vida si quiere vivir en la buena tierra. La desobediencia, el orgullo y la rebeldía le impedirán disfrutar la buena vida y la buena tierra que Dios tiene para usted.

Cualquiera que esté viviendo en orgullo, rebeldía, desobediencia, que se niega a someterse u odia la corrección, la autoridad y la rendición de cuentas —y hay muchos que viven con estas cosas en su corazón— yo le garantizo que no vivirán en la buena tierra. Es imposible. La Biblia dice que los mansos heredarán la tierra.

La mansedumbre y la humildad son absolutamente necesarias si usted va a heredar las bendiciones y las promesas de Dios. Muchas personas que han permitido que el orgullo, la arrogancia y la negación a someterse a la autoridad soberana de Dios en su vida están en los medios sociales. Todo lo que hacen es hablar de la iglesia. No asisten a la iglesia. No están sometidas a nadie. No están sometidas a un pastor. No le rinden cuentas a nadie. Hacen lo que quieren y cuando quieren. Aun así se preguntan por qué no han heredado las promesas de Dios. Estoy aquí para informarles, les guste o no, que así no heredarán las promesas de Dios.

Yo comprendo que la iglesia ha lastimado a muchos, pero de lo que estoy hablando es de someterse al liderazgo devoto, de entender la bendición de ser corregido cuando está equivocado. A veces, cuando uno está bajo un liderazgo devoto, Dios le dirá al líder que lo desafíe o corrija a usted sobre las decisiones de conducta o estilo de vida que ponen en riesgo su capacidad de habitar en la buena tierra; sin embargo, debido al orgullo, la rebeldía, la amargura y la desobediencia, es difícil recibir esa corrección en amor. Muchos huyen de este tipo de responsabilidad. Se enojan. Van a Facebook, transmiten en vivo, y se desahogan diciendo que el líder es legalista y criticón. Luego, ellos esperan vivir en la buena tierra. No sucederá. El versículo anterior dice: "Los mansos heredarán la tierra, y los rebeldes habitarán en tierra seca".

La tierra seca es el desierto. El páramo. Es la tierra donde nada crece. Es una tierra donde hay calor abrazador durante el día y frío insoportable en la noche. Es la tierra de los escorpiones, las serpientes y los jacales.

He escuchado a personas decir que no necesitan rendirle cuentas a nadie, sino a Dios. Sin embargo, Dios usa personas y establece la autoridad humana, que puede ser gubernamental, eclesiástica, etc. La autoridad humana siempre ha sido establecida por Dios; usted debe decidir si se somete a ella. Hay mucha gente amargada, orgullosa, enojada y rebelde que se llama a sí misma santa y quiere disfrutar lo mejor de Dios, pero no puede porque no son mansos. Los mansos son enseñables y pueden ser corregidos. Ellos se someten y le prestan atención a la autoridad bíblica apropiada. Pueden quedarse quietos si la autoridad dice: "quédense quietos por un tiempo".

Nunca he visto a tantas personas tercas, independientes, rebeldes como en esta generación. Estas son personas que quieren vivir de cualquier manera y aun así entran a la iglesia a profetizar, hablar en lenguas, cantar la canción del Señor, y a hacer cualquier otro tipo de asunto espiritual en la iglesia excepto someterse a la autoridad y corrección bíblica adecuada. Son los mansos los que heredarán la tierra.

No se escucha con frecuencia una enseñanza sobre la

mansedumbre y la humildad en la iglesia; sin embargo, esta es literalmente la clave para muchas de las cosas buenas en el reino de Dios. Dios resiste al orgulloso pero da gracia al humilde. Le animo a obtener mi libro *Manual de liberación y guerra espiritual* y a estudiar el espíritu de leviatán en Job 41. Luego analice su propia vida y vea si hay alguna rebeldía, desobediencia u orgullo en ella. Abra su corazón a Dios y haga la oración que hizo David: "Examíname, oh Dios, y conoce mi corazón; pruébame y conoce mis pensamientos; y ve si hay en mí camino de perversidad, y guíame en el camino eterno" (Salmo 139:23-24). Empiece por humillarse "bajo la poderosa mano de Dios, para que él os exalte cuando fuere tiempo" (1 Pedro 5:6).

A veces, el problema somos nosotros. Somos orgullosos, rebeldes y no estamos dispuestos a someternos a la autoridad que Dios ha puesto en nuestra vida. En vez de humillarnos, arrepentirnos y obtener la liberación, culpamos a los pastores, a los ancianos, al equipo de alabanza y al equipo profético. Pero raras veces nos vemos a nosotros mismos y dejamos que Dios trate con nosotros para ayudarnos a superar nuestros propios problemas.

El orgullo es un demonio común. Se halla casi igualmente en el ministerio como en el mundo de los negocios. Recuerde que Israel no podía entrar a la Tierra Prometida debido a que eran obstinados, tercos y desobedientes. Toda esa generación murió en el desierto. Después de que pasaron cuarenta años, Josué y Caleb y la nueva generación del pueblo de Dios entraron. Dios no da su tierra, sus promesas, a la gente obstinada, terca, rebelde, insensible, orgullosa y desobediente. Eso no funciona. Nunca funcionará.

En la Escritura, la tierra representa las promesas y bendiciones de Dios, la herencia de Cristo. Es la tierra de la promesa, la promesa de Dios para usted es: la visión y el sueño de Dios para su vida. Representa la abundancia, el favor, la bendición y la prosperidad. En la tierra, adoramos y disfrutamos paz, prosperidad, shalom, seguridad, protección, alabanza y gloria. Todas estas cosas son parte de la tierra, y hay muchos creyentes que, por distintas razones, no las están disfrutando.

Si usted no es creyente, entonces no tiene derecho alguno a la tierra. No la va a disfrutar. Sin embargo, si usted es un creyente, pero está en rebeldía y no le obedece a Dios, tampoco tendrá la oportunidad de experimentar ni de disfrutar la tierra. Recuerde, Israel no podía entrar en la tierra a causa de su rebeldía. Isaías 1:19 dice: "Si quisiereis y oyereis, comeréis el bien de la tierra", así que hay un nivel de voluntad y obediencia requerido. Si usted reincidió y no está caminando con Dios, no puede entrar a la buena tierra.

Por favor, entienda que no estoy escribiendo esto para mortificarlo. No estoy aquí para condenarlo, sino para animarlo a llegar a una posición de obediencia. Haga lo que Dios le ha mandado hacer si quiere disfrutar la buena tierra. Usted podría estarse preguntando por qué no está disfrutando lo mejor de Dios, y a veces, si hablamos sinceramente, culpa a Dios diciendo: "Quizá no es la voluntad de Dios que yo lo reciba". Permítame asegurarle: es la voluntad de Dios que usted viva en la buena tierra, pero también es la voluntad de Dios que usted esté dispuesto y sea obediente para que pueda alimentarse de lo bueno de la tierra.

Haga un inventario personal

Quizás esté leyendo esto y el Espíritu de Dios está revelándole misericordiosamente que hay áreas de su vida donde usted está en desobediencia, en pecado o en rebeldía. Quizá no esté caminando con Dios como debería. Aunque asiste a la iglesia, hay cosas que no está haciendo lo que Dios le dijo que hiciera. Tal vez no ha dejado de lado ciertos pecados y prácticas, y está permitiéndoles que lo alejen de lo mejor de Dios. Dios puede sacarlo de eso si usted está dispuesto y es obediente. Él hará que usted se alimente de lo bueno de la tierra.

Usted debe salir de Egipto. No puede entrar a la buena tierra si todavía está en esclavitud. Su libertad empieza con la salvación y la liberación. Así como Israel fue al desierto, usted también será guiado allí—por un corto periodo—mientras Dios lo limpia y lo liberta. El desierto es solamente temporal. Nunca es la voluntad de Dios que su pueblo esté en el desierto por años y años. Es la voluntad de Dios que usted salga del pecado, de Egipto, y atraviese el mar Rojo, las aguas del bautismo, y que sea bautizado en la nube y en el mar (el pueblo de Israel cruzó el mar Rojo). Incluso en la historia de su éxodo vemos tipos y sombras del bautismo en agua y en el Espíritu Santo.

Dios lo llevará a la montaña y le dará su palabra. Claro está, cuando entre a la tierra, será necesario desocuparla. Eso es todavía guerra espiritual. El Espíritu de Dios le guiará a través de eso, si usted está dispuesto y es obediente.

Ha visto lo que le impedirá poseer la tierra. Ahora, quiero que haga un inventario de su vida. Si ve que no está poseyendo la buena tierra: un lugar de paz, prosperidad, salud y bienestar, bondad, productividad y abundancia, etcétera; ¿cuál de las diez claves mencionadas anteriormente no está demostrando? Si se encuentra enojado, amargado, irritable, sin confiar en Dios, orgulloso, que no se deja enseñar o que está haciendo las cosas a su manera, entonces no heredará la tierra. Pero, si usted se arrepiente y sigue las diez claves, Dios lo exaltará en el debido tiempo y lo llevará a la tierra que fluye leche y miel.

Es más, si no está entrando a las promesas de Dios después de años y años de confesión, oración, clamor y danza, usted necesita hacer un inventario de su vida. Hágase las siguientes preguntas:

- ¿Hay orgullo en mi vida?
- ¿Me enojo cuando me corrigen?

- ¿Hay un área en mi vida donde no estoy obedeciendo a Dios?
- ¿Critico a mis supervisores o al liderazgo de la iglesia?
- ¿Critico a la autoridad en varias áreas de mi vida?
- ¿Tengo siempre un problema con el liderazgo?
- ¿Ando de iglesia en iglesia?
- ¿Tengo indecisión?
- ¿Opero en rechazo y rebeldía?

Estas son las cosas que pueden impedirle que entre en la plenitud de las promesas de Dios. Isaías 1:19-20 dice: "Si quisiereis y oyereis, comeréis el bien de la tierra; si no quisiereis y fuereis rebeldes, seréis consumidos a espada; porque la boca de Jehová lo ha dicho". La vida, el ministerio, la familia, las finanzas, la salud: Usted no puede entrar en las promesas de Dios en ninguna de estas áreas sin ser manso y humilde. No sucederá, porque Dios resiste al orgulloso.

Está bien tomar un inventario de su vida. Todos debemos hacerlo de vez en cuando. Es importante darse cuenta de que no todos están equivocados acerca de nosotros. Podemos decir que nos aborrecen, pero no todos mienten. Algunas críticas son válidas. Me incluyo en esto. No siempre las críticas se dan por odio o por envidia. Sí, sé que hay algo que se llama espíritu de crítica y que algunas de las cosas que la gente dice son resultado de su envidia, yo creo eso, pero no todos mienten ni están equivocados.

Considera las palabras de aquellos que están más cerca de usted y que le aman, aquellos que le dicen la verdad. ¿También tiene problema en recibir lo que ellos dicen? Hay cosas que no podemos ver acerca de nosotros mismos, pero los demás sí pueden. Así que aunque debe ser cuidadoso con a quién escucha, recuerde que no todo viene del enemigo para hacerlo sentir culpable o acusado. No hay condenación para los que están en Cristo, sino que es la gracia y la misericordia y el amor de Dios que nos disciplina, y a veces, esa disciplina viene por medio de aquellos que nos aman lo suficiente para decirnos la verdad. Permita que el Espíritu de Dios lo guíe a la verdad, la cual lo liberta a usted llevando estos asuntos ante el Señor y no siendo presto para negar lo que se ha dicho.

Dios desea que sea libre. Él quiere lo mejor para usted. Y Él quiere absolutamente que usted pueda disfrutar de la buena tierra. Sin embargo, Él no bendice el desorden. Usted está llamado a apegarse al estándar de santidad y rectitud de Dios a medida que crece en Cristo. De lo contrario, será uno de los rebeldes que habitan en una tierra seca. La buena tierra no concuerda con la rebelión y el orgullo. No va a cooperar con usted. No cederá su fruto ni le dejará crecer. Canaán no respaldó el orgullo ni la rebeldía de Israel. El pueblo fue echado fuera y entregado al cautiverio babilonio. También vemos esto en la caída de Adán y Eva; ellos fueron expulsados del huerto del Edén a causa de su desobediencia.

Debemos renunciar al control de estos espíritus sobre nuestra vida y determinar nuestro futuro en Dios. Si queremos habitar en la buena tierra, debemos liberarnos de la rebeldía, el orgullo, la amargura y la desobediencia. Debemos arrepentirnos, buscar liberación y romper el acuerdo con el enemigo para que podamos llevar un estilo de vida de gracia y humildad.

Capítulo 2

ENTRE A LO MEJOR DE DIOS

ANTES DE QUE vayamos al siguiente capítulo y aprendamos a dejar atrás a los Lots, quiero que comprenda cuán importante es prepararse para recibir lo mejor que Dios tiene para ofrecerle. Si no sabe que Dios tiene en mente lo mejor para usted, si no tiene la fe de que lo que es para usted es para usted y que debe permanecer concentrado e ir en busca de ello sin importar lo que digan las personas negativas, usted continuará deambulando en el desierto. Tiene que impregnar en su espíritu que la buena tierra es lo mejor de Dios y es la voluntad de Dios que usted la tenga.

A muchos de nosotros nos han enseñado que no deberíamos esperar o querer lo mejor, que no debemos considerarnos lo suficientemente dignos de lo mejor ni procurar tenerlo. Este no es el plan de Dios para usted. Él se deleita en la prosperidad de sus siervos (Salmo 35:27). El evangelista Andrew Wommack resumió mis pensamientos sobre esto cuando dijo lo siguiente:

> La razón principal por la que no estamos recibiendo lo mejor de Dios se debe a que estamos dispuestos a conformarnos con menos. Muy pocos están comprometidos con lo mejor de Dios. Hemos sido más influenciados por el mundo que por la Palabra de Dios y se nos ha "bajado de nivel" para aceptar mucho menos de lo que Dios ha provisto. En la medida en que pueda vivir con menos que lo mejor de Dios, lo hará.[1]

Debemos aprender cómo recibir lo mejor de Dios.

He viajado por todo el país o alrededor del mundo muchas veces en mi vida, y a veces, durante los vuelos, me encuentro viendo una que otra revista de la aerolínea. Aunque no recuerdo de cuál revista era, había un artículo que disfruté leer llamado "Lo mejor de lo mejor". El artículo clasificaba los mejores hoteles, *spas*, restaurantes y cruceros disponibles en ese entonces.

Una cosa que noté de este artículo es que la gente reconoce lo mejor. Hay premios para las mejores canciones, las mejores películas, los mejores artistas, los mejores actores, los mejores atletas, los mejores maestros y los mejores chefs. Hay un listado de los mejores lugares para vivir, los mejores lugares para visitar, los mejores lugares para ir de vacaciones y los mejores lugares para hacer negocios. Los campeones son considerados los mejores en su deporte. Cada uno lucha por ser el mejor en lo que hace. Y, así como un campeón, uno siempre debería hacer su mejor esfuerzo en cualquier iniciativa que se proponga.

La gente viene a consejería porque quiere saber el mejor curso de acción. Todos queremos tomar las mejores decisiones en la vida. Queremos casarnos con la mejor persona. Queremos que nuestras familias y nuestros hijos sean lo mejor. Nadie quiere lo peor. La gente se esfuerza mucho para evitar lo peor.

Cuando la gente no siente tener lo mejor, muchas veces se comprometen a ser mejores. Lo que no es lo mejor necesita mejorar o ser renovado. Lo mismo nos pasa a nosotros cuando no estamos a la altura. Siempre estamos luchando para ser el mejor y hacer lo mejor. "¿Y por qué?". El Salmo 95:3-5 dice: "Debido a que Dios es el mejor, el Rey altísimo sobre todos los dioses. En una mano tiene las profundidades de la tierra y en la otra las más altas montañas. Él hizo el océano ¡es su dueño! ¡Sus manos esculpieron la Tierra!". (traducción libre de la versión *El Mensaje,* disponible solo en inglés).

Por supuesto, Dios es el mejor. Él es el más grande y más

excelente. Él es el mejor en amor, misericordia, gracias, santidad y compasión. Dios no solo es el mejor, sino que también da lo mejor. Dios quiere que usted tenga lo mejor.

Un domingo, yo profeticé que entraríamos a una época de lo mejor de Dios, lo cual va de la mano con la revelación de nuestro ingreso a la buena tierra. El versículo que el Señor me dio con referencia a esto fue Salmo 147:14: "El da en tu territorio la paz; te hará saciar con lo mejor del trigo". Lo mejor es lo más suculento. La versión *La Biblia de las Américas* lo traduce de esta forma: "El hace la paz en tus fronteras; te sacia con lo mejor del trigo".

Mientras conducía un estudio de la frase *lo mejor*, descubrí sinónimos como "suculento, lo máximo, la cima, mayor, líder, preeminente, primordial, jefe, principal, supremo, de máxima calidad, superlativo, por excelencia, sin igual, insuperable, excepcional… sin par, incomparable… óptimo… ideal… que bate récords".[2]

Lo mejor en hebreo es *heleb* o *cheleb*. Viene "de una raíz no usada que significa ser gordo; grosura, ya sea literal o figurativamente; de ahí la parte de riqueza o escogido: lo mejor, grosura, suculencia, grasa, médula"; "lo más escogido, la mejor parte, abundancia (de los productos de la tierra)".[3]

Según Sam Oluwatoki:

> La frase "lo mejor del trigo" [del Salmo 147:14, que cité anteriormente] implica que hay al menos tres tipos de trigo fino y lo "mejor del trigo" siendo el mejor de los tres; ejemplo: lo mejor de lo mejor. El salmista, en nuestro versículo de memoria, revela la intención de Dios para dar a sus hijos lo mejor del mejor trigo (la bendición).[4]

Las notas de Barnes dicen esto:

Con lo más suculento del trigo —al margen, como en hebreo, con la grosura del trigo. El significado es lo mejor del trigo— ya que las palabras grasa y grosura muchas veces se usan para indicar excelencia y abundancia. Génesis 27:28, Génesis 27:39; Job 36:16; Salmo 36:8; Salmo 63:5; Salmo 65:11.[5]

Quiero desafiarlo con estos conocimientos nuevos para empezar a creer y confesar que usted disfrutará de lo más suculento. Crea por lo mejor de Dios para su vida. Crea por las mejores puertas, las mejores relaciones, las mejores finanzas, las mejores promociones, las mejores bendiciones, el mejor favor, el mejor crecimiento, los mejores avances, el mejor conocimiento, la mejor visión, la mejor alabanza, la mejor adoración, la mejor cosecha, la mejor tierra, y las mejores ideas.

Tal como lo predicó una vez el pastor Rick Doebler: "Si permanecemos siendo personas pecadoras, egoístas, temerosas, amargadas, vengativas nunca podremos confiar en Dios por cosas mejores. Así que primero necesitamos una obra de transformación poderosa y sobrenatural, la cual bien a través de la cruz de Jesucristo. Su sacrificio hace posible que nosotros vivamos".[6] Debido al sacrificio de Jesús podemos vivir como si creyéramos que Jesús nos da lo mejor. Incluso, Él hizo una declaración sobre dar lo mejor en su primer milagro público, cuando convirtió el agua en vino en la boda de Caná.

> «Un anfitrión siempre sirve el mejor vino primero —le dijo—, y una vez que todos han bebido bastante, comienza a ofrecer el vino más barato. ¡Pero tú has guardado el mejor vino hasta ahora!».
>
> —JUAN 2:10, NTV

La versión La Biblia de las Américas lo dice así:

> Y le dijo: Todo hombre sirve primero el vino bueno [costoso], y cuando ya han tomado bastante [y son

menos entendidos], entonces el inferior [más barato];
pero tú has guardado hasta ahora el vino bueno [costoso].

—Juan 2:10, lbla, corchetes añadidos.

Unos cuantos versículos antes, vemos donde María, la madre de Jesús, le dijo que se les había acabado el vino. Jesús respondió: "¿Eso qué tiene que ver conmigo?". Todavía no ha llegado mi hora" (Juan 2:4, nvi). Pareciera que María no le prestó atención y les dijo a los sirvientes que hicieran lo que Él les dijera. La Biblia dice: "Así lo hicieron" (versículo 8, nvi). Y aquí vemos que una de las maneras para empezar a andar en lo mejor de Dios es hacer lo que Él dice: ser obedientes.

Lo mejor tiende a ser más caro porque es de mejor calidad. Lo inferior es generalmente menos costoso y de menor calidad. Jesús puede cambiar su agua en vino. Él puede transformar lo normal en lo mejor. Esto puede suceder si usted hace lo que Él dice.

Llegar a ser lo mejor

Otra clave para experimentar y llegar a ser lo mejor es la virtud. Si recuerda el estudio de palabra anterior, lo mejor se relaciona con la excelencia. La mujer virtuosa de Proverbios 31 es la personificación de la excelencia en que ella las supera a todas. Ella es la mejor.

Muchas mujeres hicieron el bien; mas tú sobrepasas a todas.

—Proverbios 31:29

La virtud le permitirá obtener el mejor nombre y la mejor reputación (Proverbios 22:1). *Virtud* es "bondad, moralidad, rectitud… integridad, dignidad, justicia… honor… decencia, respeto, nobleza… valor… pureza".[7]

Es importante ser el mejor en su carácter. Dios observó a Job, quien era perfecto y recto. No había nadie en su generación que fuera más justo. Él fue el mejor hombre de su generación. Los justos tienen el estándar mejor y más alto.

Israel tuvo las mejores leyes de cualquier nación. Dios esperaba que ellos fueran los mejores en observarlas. Las naciones reconocerían su grandeza, sus leyes y su sabiduría (Deuteronomio 4:6).

Dios prometió hacer a su pueblo el mejor. Ellos serían la cabeza y no la cola. Darían prestado y no pedirían prestado. Serían bendecidos en la ciudad y en el campo. Entrarían a la mejor tierra que producía la mejor cosecha y les proveería la mejor vida, a salvo de todos sus enemigos. Este fue y aún es el plan de Dios para su pueblo.

Desee los mejores dones

Procurad, pues, los dones mejores. Mas yo os muestro un camino aun más excelente.

—1 Corintios 12:31

La profecía es uno de los mejores dones. La profecía hace mucho por el creyente. Edifica, exhorta, consuela, sana, liberta, refresca, confirma, da vida, edifica, siembra, motiva, dirige, revela, activa e imparte. La vida profética es lo mejor que uno puede vivir. Escucha la voz de Dios y confía en su Palabra y propósitos.

La sabiduría es otro de los mejores dones de Dios. La sabiduría le entregará lo mejor. La sabiduría habla de cosas excelentes (lo mejor).

Oíd, porque hablaré cosas *excelentes*, y abriré mis labios para cosas rectas.

—Proverbios 8:6, énfasis añadido

La excelencia es lo más alto y mejor. Una vida de sabiduría es la mejor vida. La sabiduría le ayuda a tomar las mejores decisiones. La sabiduría le ayuda a recibir el mejor consejo. La sabiduría le da el mejor entendimiento.

Reciba lo mejor de Dios

Cuando se trata de recibir lo mejor de Dios, en lo primero que debemos concentrarnos es en no aceptar menos que lo mejor de Dios, tal como lo discutimos antes. Lo siguiente es darle a Dios lo mejor de nosotros, incluyendo nuestros mejores sacrificios y ofrendas.

> De aceite, de mosto y de trigo, todo lo más escogido, las primicias de ello, que presentarán a Jehová, para ti las he dado.
>
> —Números 18:12

Dios honra nuestro sacrificio cuando es lo mejor de nosotros.

> Te ofreceré animales engordados como sacrificios que deben quemarse completamente, junto con ofrendas de carneros, toros y machos cabríos.
>
> —Salmo 66:15, pdt

En la buena tierra hay un sendero que lleva a lo mejor. Luego, hay un río que lo lleva al mejor oro.

> El primero se llamaba Pisón, el cual recorría toda la región de Javilá, donde había oro de muy buena calidad. También allí había plantas con las que se hacen perfumes muy finos, y piedras de ónice.
>
> —Génesis 2:12, nbv

La últimas dos claves para recibir lo mejor de Dios —escuchar a Dios y andar en sus caminos— me llevan a señalar por qué muchos de nosotros no recibimos lo mejor de Dios.

¿Por qué no recibimos lo mejor de Dios?

Hay dos versículos en la versión Reina Valera Antigua que mencionan "la grosura del trigo" —Salmo 147:14 y Salmo 81:16— y sabemos por el estudio de palabra anterior que la *grosura* también significa "lo mejor". Salmo 81 da la razón por la que la gente no recibe ni anda en lo mejor de Dios.

> ¡Oh, si me hubiera oído mi pueblo, si en mis caminos hubiera Israel andado! En una nada habría yo derribado sus enemigos, y vuelto mi mano sobre sus adversarios. Los aborrecedores de Jehová se le hubieran sometido; y el tiempo de ellos fuera para siempre. Y Dios lo hubiera mantenido de grosura de trigo: Y de miel de la piedra te hubiera saciado.
> —Salmo 81:13-16, rva

Para vivir lo mejor de Dios, debemos escuchar y obedecer la voz de Dios y seguir su dirección. Debemos andar en los caminos de Dios. Llegamos a Sion, un tipo del reino y de la buena tierra, para aprender los caminos de Dios (Isaías 2:3). Los caminos de Dios incluyen amor, misericordia, verdad, rectitud, perdón, santidad y fe. Dios nos enseñará sus caminos (Salmo 86:11; 143:8).

> ¡Cómo me gustaría que mi pueblo me escuchara! ¡Cómo quisiera que Israel hiciera lo que yo quiero! ¡En muy poco tiempo derrotaría yo a sus enemigos y los aplastaría con mi poder! Los que ahora me odian se rendirían ante mí, y yo los castigaría para siempre. En cambio, a mi pueblo le daría el mejor trigo y de los panales que están en la roca sacaría miel y lo dejaría satisfecho.
> —Salmo 81:13-16, tla

La versión La Biblia de las Américas dice: "¡Oh, si mi pueblo me oyera, si Israel anduviera en mis caminos!". La sabiduría alerta a quienes no escuchan a Dios.

La calamidad, el temor, la destrucción y la desolación son lo contrario a lo mejor.

> Sino que desechasteis todo consejo mío y mi reprensión no quisisteis, también yo me reiré en vuestra calamidad, y me burlaré cuando os viniere lo que teméis; Cuando viniere como una destrucción lo que teméis, y vuestra calamidad llegare como un torbellino; Cuando sobre vosotros viniere tribulación y angustia.
>
> —Proverbios 1:25-27

Cuando rechaza la sabiduría, la sabiduría lo rechazará a usted. No puede tener lo mejor sin la ayuda de la sabiduría si desprecia a la sabiduría y le da la espalda. El temor del Señor es el principio de la sabiduría (Proverbios 9:10). El temor del Señor es, por lo tanto, una clave para disfrutar lo mejor de Dios. Cuando tenemos temor del Señor, reverenciamos, confiamos y tomamos seriamente los beneficios de obedecerlo a Él.

Cuando tememos al Señor, Dios hará que nosotros escuchemos su voz, y nos dirige en el camino correcto; el camino en que debemos andar. Isaías nos da una promesa poderosa:

> Entonces tus oídos oirán a tus espaldas palabra que diga: Este es el camino, andad por él; y no echéis a la mano derecha, ni tampoco torzáis a la mano izquierda.
>
> —Isaías 30:21

Puede confiar en que Dios le hablará y lo guiará. Dios lo dirigirá a lo mejor. El libro de Deuteronomio da otra promesa a quienes andan en los caminos de Dios:

> Jehová te enviará su bendición sobre tus graneros, y sobre todo aquello en que pusieres tu mano; y te bendecirá en la tierra que Jehová tu Dios te da. Te confirmará Jehová por pueblo santo suyo, como te lo ha jurado, cuando guardares los mandamientos de Jehová tu Dios,

y anduvieres en sus caminos. Y verán todos los pueblos
de la tierra que el nombre de Jehová es invocado sobre
ti, y te temerán.

—Deuteronomio 28:8-10

Dios manda sus bendiciones sobre su vida. Dios manda
lo mejor para su vida. Dios manda sus bendiciones sobre sus
bodegas. Los demás lo respetarán y le temerán.

Un consejo para los reincidentes

Vuelva a Dios y reciba lo mejor. El hijo pródigo recibió la
mejor túnica.

Pero el padre dijo a sus siervos: Sacad el mejor vestido,
y vestidle; y poned un anillo en su mano, y calzado en
sus pies.

—Lucas 15:22

El hijo pródigo no estaba viviendo su mejor vida. Él gastó
todo su dinero en vivir desordenadamente y terminó en una
porqueriza. Pero cuando volvió en sí y regresó a casa, su padre
lo recibió y le dio la bienvenida con lo mejor. Él le hizo la
mejor fiesta y mató al mejor becerro. Cuando nos hemos ido
espiritualmente a un país lejano, nosotros también podemos
regresar y ser bien recibidos en lo mejor de la casa de nuestro
Padre.

El favor y lo mejor de Dios

El favor lo llevará al mejor lugar. Aunque Ester fue separada
de su hogar y llevada a una vida que ella no quería, podemos
seguir el rastro del favor de Dios sobre su vida mientras Él le
proveía el mejor lugar entre las demás mujeres. Ella recibió la
mejor protección de Dios y la sabiduría para llevarle liberación
a su pueblo. Del mismo modo en que Ester recibió el favor por
lo mejor de Dios (Ester 2:15, 17), usted puede ser favorecido
con lo mejor.

Y la doncella agradó a sus ojos, y halló gracia delante de él, por lo que hizo darle prontamente atavíos y alimentos, y le dio también siete doncellas especiales de la casa del rey; y la llevó con sus doncellas a lo mejor de la casa de las mujeres.

—Ester 2:9

Llevaron a Ester y a sus doncellas a la mejor sección del harén. Ellas tenían las mejores habitaciones. La versión Reina Valera Revisada 1977 dice "al mejor departamento de la casa de las mujeres". La sabiduría también da favor (Proverbios 3:4, 8:35). Aquellos que son favorecidos reciben lo mejor.

Joseph Prince señaló lo siguiente:

> [Ester] no confió en sus propias fuerzas. Mientras las mujeres trataban de superar una a la otra por medio de confiar en sus propios esfuerzos, Ester sabiamente se sometió a la única persona que conocía mejor las preferencias del rey, y los resultados hablan por sí solos...Ester dependía completamente del favor de Dios inmerecido Ester no tuvo que luchar...Cuando ella descansó en el Señor y se humilló a sí misma, el Señor la promovió y la exaltó por encima de todas las demás mujeres hermosas. Dios resiste al orgulloso y da fe inmerecida al humilde (1 Pedro 5:5).[8]

Capítulo 3

DEJE A LOT

LA HISTORIA DE Lot y Abraham (en aquel entonces llamado Abram) es conocida. Si ha leído este relato, entonces puede haber notado que Dios sacó a Abraham de entre su familia, pero no necesariamente llamó a Lot. Sin embargo, Abraham le permitió a Lot acompañarlo mientras se disponía a seguir a Dios a una tierra nueva y que no conocía. (Vea Génesis 12:1-5). A la llegada de Abraham y Lot a la tierra que Dios le había mostrado a Abraham estalló el conflicto entre sus campos (Génesis 13:7). La Biblia dice que "la tierra no podía sostenerlos para que habitaran juntos" (versículo 6), así que Abraham le dijo a Lot, "No haya ahora altercado...te ruego que te apartes de mí. Si fueres a la mano izquierda, yo iré a la derecha; y si tú a la derecha, yo iré a la izquierda" (versículo 8-9).

Llega un punto en nuestro recorrido a la buena tierra, e incluso mientras pasamos a lo que Dios nos ha prometido, que es necesario que nos separemos de ciertas personas. Esto no es fácil. Podemos tener un amor profundo por algunas personas. Podemos llevar mucho tiempo con ellos, pero para avanzar quizá tengamos que dejar atrás a algunos. Muchos de ellos pueden tener buenas intenciones, pero llevan creencias acerca de nosotros, de Dios y de ellos mismos que nos impiden experimentar las plenitud de las promesas de Dios. Así que, en este capítulo, voy a hablar de la importancia de sacar a todo Lot de su vida. Lot es un individuo, y Lot también es un espíritu que hará que no herede ni disfrute la tierra que Dios tiene para usted. En un momento u otro, sin importar quiénes somos, todos estamos desafiados por un Lot en nuestra vida. Es importante que aprendamos cómo separarnos de ellos para que podamos disfrutar de la buena tierra.

Apártese del conflicto y de la contienda

Si va a entrar a la buena tierra, tiene que dejar la tierra donde está. Esto no significa que tiene que trasladarse geográficamente, como lo hizo Abraham, aunque esa puede ser una posibilidad. Generalmente, trasladarse a la buena tierra es un cambio de residencia espiritual, un cambio de dirección espiritual.

No puede permanecer en el antiguo lugar y disfrutar de la nueva tierra. Dios lo está llamando a emigrar de lo viejo y pasar a lo nuevo. Abraham fue llamado a salir de Ur, la tierra de los caldeos, y se le dijo que fuera a la tierra de la promesa. Él obedeció a Dios y empezó el traslado, aunque él no sabía a dónde iba. Fue un caminar en fe.

Pero, luego, Abraham tenía a su sobrino, Lot, con él. A veces, la familia quiere seguirnos en nuestra emigración del lugar antiguo al nuevo, y, a veces, la familia puede ser el tropiezo más grande para que usted disfrute la tierra. En el caso de Abraham y Lot, cuando llegaron a la tierra que Dios le mostró a Abraham, ellos empezaron a crecer y hubo conflicto entre los pastores del ganado de Abraham y los de Lot por el agua. Ellos empezaron a discutir y a pelear. Así que Abraham habló con su sobrino y le dijo: "Mira, esto no va a funcionar. No podemos tener conflicto, peleas y discusiones en esta tierra". Además, le dijo a Lot que escogiera: "¿A dónde vas a ir?".

Lot escogió la planicie de Sodoma, que en ese tiempo era muy fértil. (Esta es otra historia). Así que se separaron allí.

Si usted va a disfrutar la tierra, tiene que sacar a los Lots de su vida. Lot representa el conflicto y la contienda. Si hay alguna persona que trae conflicto, contienda, discusión o pelea a su vida y a su tierra, esa relación no merece continuar porque el conflicto destruirá la paz y la prosperidad que usted espera disfrutar en la buena tierra.

De ningún modo estoy diciendo que usted puede simplemente dejar a su cónyuge. Estoy hablando sobre relaciones en general. El matrimonio es un pacto, así que si está teniendo problemas maritales, si están peleando y discutiendo, busquen consejería y liberación y resuelvan esos problemas. Existen, sin embargo, relaciones con personas con quienes usted está conectado que vienen con su propio bagaje, con conflicto y discusión, y no vale la pena perder la bendición y la promesa que Dios tiene para usted tratando de mantener esa conexión.

Abraham se separa de Lot porque él sabía que mientras estuvieran juntos, sus pastores de ganado iban a estar en conflicto. Abraham sabía que eso no era a lo que Dios lo llamó. Dios no lo sacó de Ur a la tierra de la promesa para que él se involucrara en problemas y división. Esa no era la promesa de Dios.

El conflicto es mortal. Hace que usted pierda su paz. Pelear, discutir, contender, chismosear, criticar, estas son cosas que usted no debería tolerar en su vida. Dios nunca tuvo la intensión de que usted llevara una vida llena de conflicto, presión y confusión, una donde no tiene paz ni gozo. Dios quiere que usted disfrute la vida.

A veces, tenemos que separarnos. Tenemos que sacar a los Lot de nuestra vida. Recuerde, la buena tierra es una tierra de shalom. La palabra *shalom* significa paz, prosperidad, plenitud, salud, sanidad y mucho más. La buena tierra es una tierra de paz. Dios espera que usted disfrute la plenitud de shalom en la tierra.

A donde mire —incluso en la iglesia, entre cristianos y en los medios sociales— la gente está discutiendo y peleando por publicaciones, por iglesias y ministerios. Antes de que se dé cuenta, está involucrado en argumentos con las personas. Está en conflicto. Está enojado. Termina usando todo tipo de lenguaje sucio y repugnante. Esa no es la buena tierra. Eso no es a lo que Dios lo llamó. Ese es el espíritu de Lot en su vida, y es una asignación del infierno. A veces, es una persona muy cercana la que trae el conflicto y la contienda en su vida y hace que usted pierda su paz, su shalom. Lot era el sobrino de Abraham. Usted no puede disfrutar la tierra mientras Lot esté allí.

Hable sinceramente con Lot

En el siguiente ejemplo de Abraham, para sacar a los Lots de su vida, hábleles. Dígales: "Yo no puedo estar en esta relación más porque hay demasiado conflicto, contienda y división. Tú te vas por tu lado, y yo por el mío. Sin rencores".

Repito, no me estoy refiriendo al matrimonio, así que, por favor, no tome esto como una palabra profética para divorciarse de su cónyuge o dejarlo. Ese es otro tema. Me refiero a las demás relaciones en las que estamos que nos impiden avanzar hacia los nuevos lugares a donde Dios quiere llevarnos.

A veces, en la iglesia, la casa de Dios, o en el trabajo tiene que hablar sinceramente con los Lots y cortar los lazos. Podría ser necesario que diga: "No permitiré conflicto y división en mi tierra. No permitiré contienda, discusión y pelea en mi tierra. No permitiré chismes, críticas, obscenidades, enojo ni odio en mi tierra. Estas cosas no pueden estar conmigo. Mi tierra está diseñada para ser un lugar de shalom, de paz, de prosperidad y de abundancia. No puedo permitirme funcionar, ahora ni nunca, en un lugar de conflicto y contienda. No lo permitiré".

Una vez que aleja a Lot, puede entrar a la promesa y a la bendición de Dios. Ya está capacitado para entrar a la tierra de la promesa y disfrutar la tierra. Dios nunca quiso que usted llevara una vida llena de dolor, aflicción, pesar y tristeza, donde se mantiene enfadado, no puede dormir y su presión arterial aumenta. El conflicto es una de las peores cosas que nos pueden suceder como creyentes, cuando la paz o shalom de Dios es nuestra porción. A algunos les encanta el desorden. Les encanta la discusión, la pelea y la polémica. Pero esa no es la buena tierra.

Incluso en mi propia vida, yo me he comprometido a no permitir que la gente me saque de la tierra de la promesa, la tierra de la bendición, el gozo y la paz que Dios tiene para mí. Estoy comprometido a quitar a todo Lot de mi vida. Si usted es un Lot y se apega a mí, si ha venido a la tierra conmigo y está causando conflicto entre nosotros, tenemos que separarnos. No discutiremos ni pelearemos por la tierra. Dios me sacó de mi tierra y me dijo que entrara a esta tierra nueva. Él no me llamó a tener un problema con usted y con los suyos. Hay suficiente buena tierra para usted y para mí.

La decisión de deshacerse de los Lots es suya. No de Dios. Abraham tuvo que obedecer a Dios y dejar la tierra donde vivía para emigrar a la nueva tierra. A veces, lo dejamos a discreción de Dios diciendo: "Bueno, Dios, si quieres que yo disfrute esta tierra, entonces simplemente deberías dármela". Dios le dará la tierra, pero tiene que tomar algunas decisiones. Tiene que obedecer la palabra del Señor.

La manera en que experimentemos la manifestación de la buena tierra se basa en nuestras decisiones. No tenemos que conformarnos con menos. Muchos creyentes se conforman con vivir en el desierto, vivir en Egipto, vivir en un lugar seco y vivir con los Lots, diciendo: "Bueno, debe ser la voluntad de Dios que yo no sea bendecido ni prosperado. Supongo que veré todo esto cuando llegue al cielo". No. Dios quiere que usted disfrute esta vida ahora, y una parte de eso es revelación, entender las decisiones que puede tomar para aferrarse a lo que Dios tiene para usted.

Un lugar mejor que donde ha estado

Cuando fui salvo, perdí a todos mis amigos. Todos mis compañeros de drogas me abandonaron. Ellos se burlaron de mí cuando hablaba en lenguas e iba a la iglesia. Pensaron que me había vuelto loco. Aunque en realidad, ellos no me dejaron; yo empecé a ir en una dirección distinta.

Hace un tiempo, regresé a esa parte de la ciudad por un funeral. No había visto a muchas de las personas de allí durante cuarenta años. Las decisiones que algunos de ellos tomaron con su vida no resultaron bien para ellos. Verlos después de un tiempo tan largo me ayudó a darme cuenta cómo nos cubre la gracia de Dios incluso en el envejecimiento. Algunos, que habían tomado la decisión de permanecer en situaciones malas, en adicciones y en la tierra seca, parecían tener el doble de edad. A otros parecía haberles ido bien por sí mismos.

Creo que esa amargura, enojo, rebeldía y desobediencia puede darle una paliza. Los que tienen treinta y cuarenta terminarán viéndose como de setenta. Sin embargo, para la gloria de Dios, estar lleno del Espíritu Santo puede embellecerlo. La gente se preguntará cómo es que usted ha podido mantenerse tan bien durante tanto tiempo. Esto es lo que una vida buena, en la buena tierra, puede hacer por usted.

No tiene que quedarse en un lugar seco, deprimente y estresante. Puede salir de un lugar —el vecindario u otra mala circunstancia— y tomar la decisión de que ya no quiere vivir así, aunque todavía ame a las personas allí. No está equivocado por creer que Dios tiene más para usted, que no tiene que vivir en un lugar de segunda, que hay una tierra más grande preparada para usted, y que puede progresar en un lugar próspero y bendecido. Puede declarar valientemente: "Yo voy a andar en abundancia. Voy a disfrutar el gozo y la paz. Voy a experimentar las cosas buenas de la vida. No voy a luchar toda mi vida.

No voy a disculparme por haber nacido de cierta manera o en cierta comunidad".

Dios lo salvará, lo libertará, lo bendecirá y lo promoverá, pero usted tiene que obedecerle a Él y abandonar a Lot en la antigua tierra. No sea como aquellos que nunca andan en la nueva tierra porque no quieren dejar lo viejo.

Su tierra vieja podría ser alguna iglesia legalista que no acepta nada nuevo: no revelaciones nuevas, no unción nueva —las mismas canciones viejas, la misma gente antigua, las mismas tradiciones viejas, los mismos mensajes viejos— nada nuevo, nada fresco. Entonces, cuando usted crece en Dios y se entera de cuán grande Él es, aprende sobre lo profético y la liberación; sin embargo, ellos lo rechazaron. Ellos siguen siendo las mismas cinco personas cantando en el coro, y quiere que usted se quede sin hacer nada. Luego, cuando va a visitar otra iglesia, ellos quieren saber qué estaba haciendo allí.

Su respuesta: "Hermano, estoy buscando la buena tierra. Esta no lo es. Esta es la tierra seca".

Sin embargo, demasiadas personas se quedan en esas iglesias muertas diciendo: "Aquí es donde crecí. Mis padres asistieron allí. Mis abuelos asistieron allí. Esta ha sido mi iglesia toda mi vida. Estoy esperando a que Dios me mueva". Y ellos se quedarán allí hasta que mueran.

No sea así. Sea fuerte y valiente. Déjese encaminar por Dios. Responda cuando Él llame. Sea valiente y entre a lo nuevo en fe. La gente podría verlo como si estuviera loco. Ellos no son malas personas. A lo mejor lo aman, posiblemente usted los ama. Pero ellos están atorados. No permita que su "atoramiento" mitigue su búsqueda. Láncese a lo nuevo. Usted y Dios busquen una iglesia con mensajes nuevos, ministerios nuevos y visión nueva. Busque una tierra nueva, una buena tierra. Salga de la tradición.

Usted tiene la sensación de que hay algo más y mejor para usted; y no está equivocado. Hay otro lugar para usted. No permanecerá atorado allí vendiendo una cena más de pollo o pescado. No será relegado a participar en otro mercado de cosas usadas, rifas, aniversarios del pastor o reunión de fundadores. Responderá el llamado de Dios para ir a la nueva tierra que Él le mostrará.

Un caminar de fe

Su paso a la buena tierra es un andar de fe. Tiene que dar un paso de fe y hacer lo que nunca ha hecho. Puede no saber exactamente a dónde se dirige, pero el Espíritu lo insta y usted sabe que tiene que salir de donde quiera que esté. La sensación puede ser tan fuerte que usted se descubre a sí mismo pensando o diciendo: "Me voy de aquí. De todos modos estoy muriendo, bien puedo morir en el camino. No sé a dónde voy, pero sé que es mejor que el lugar donde estoy ahora".

Alguien podría preguntarle: "¿A dónde vas?".

Por el momento, usted puede responder con un "no tengo idea, pero me voy de aquí".

"No te puedes ir solo así a un lugar que no conoces", podría responderle.

"Sí, puedo. Dios está conmigo. Me voy de aquí. A donde sea que se supone que debo estar, sé que no es aquí. Esto es malo. Aquí nada crece".

Cosas muertas. Lugares muertos. Buitres volando por todas partes.

Trasladarse a la buena tierra es un caminar de fe. Se trata de obedecer a Dios. Cuando Dios le dice que se mude, usted se desplaza. Cuando Dios dice que hay algo mejor, usted da un paso de fe. Lo hace. Obedece a Dios. El Salmo 37 dice que si somos mansos, si confiamos en el Señor y esperamos pacientemente en Él, nos dará la tierra como heredad. Dios hará que suceda.

Mi experiencia con Lot

Cuando como pastor tomé la decisión para vivir en la buena tierra, empecé a tener algunas cosas nuevas en mi propia vida: finanzas, espiritualidad e influencia. Algunos de los que se habían acostumbrado a mí en un nivel determinado, se enfadaron. En un intento de llevarlos conmigo a la tierra, me propuse ministrar a algunos de ellos en todas las formas que conocía, pero no querían avanzar. El conflicto y la contienda empezaron a infiltrarse en el campo. Pero yo estaba determinado a avanzar hacia lo que Dios tenía para mí y dejar sus opiniones y problemas con ellos y con Dios, cuidando de ellos en el ministerio como pudiera mientras permanecía fiel a lo nuevo que Dios estaba llevando a mi vida.

La gente tiene creencias sobre los pastores y la prosperidad, la promoción y ser famosos. En tanto los pastores y los líderes estén teniendo problemas, la congregación ora por ellos. Cuando empiezan a avanzar, los demás se enojan. Ellos tienen un problema.

Permítame decir esto: Los pastores creen en Dios igual que usted. Nosotros le creemos a Dios por cosas tal como usted lo hace. La gente se molesta con los pastores cuando tratan de entrar a algo nuevo: relaciones nuevas, círculos nuevos, ámbitos de autoridad nuevos, etcétera. Muchas personas quieren que su pastor permanezca en el mismo lugar. Sin embargo, Dios quiere trasladarnos a todos a una buena tierra; tanto a usted como a su pastor. Si no está preparado para ir, no detenga a su pastor ni le envidie las bendiciones que está empezando a recibir.

Y a usted, pastor, líder, ministro o laico: hay algunos a los que no pueden llevar consigo a la buena tierra. No están preparados porque su mente no puede visualizar nada más allá del lugar donde están. Algunos pueden ponerse celosos o envidiosos y empiezan a hablar de usted, pero continúe buscando el lugar que Dios le tiene. Hable con ellos y dígales: "Dios me ha bendecido para salir de lo viejo y entrar en lo nuevo. Y Dios hará lo mismo por usted". Ellos solo necesitan tomar la decisión de que también hay una tierra para ellos. Dios tiene algo para usted y para ellos. Ustedes son hijos de Dios.

Vea más allá de la tierra natural

> Por la fe Abraham, al ser llamado, obedeció, saliendo para un lugar que había de recibir como herencia; y salió sin saber adónde iba. Por la fe habitó como extranjero en la tierra de la promesa como en tierra extraña, viviendo en tiendas como Isaac y Jacob, coherederos de la misma promesa, porque esperaba la ciudad que tiene cimientos, cuyo arquitecto y constructor es Dios.
> —Hebreos 11:8-10, lbla

Sabemos que Abraham dio un paso de fe y obedeció a Dios. Él dejó su país y fue a la tierra que Dios le mostró, la cual era la tierra de Canaán. Sin embargo, Hebreos 11 nos da la imagen de que Abraham estaba viendo más allá de esta tierra natural, más allá del lugar terrenal al que Dios lo había guiado y vio a "la ciudad que tiene cimientos, cuyo arquitecto y constructor es Dios". Sabemos que esta ciudad era Sion.

Tal como he estado compartiendo, la tierra de Israel, la ciudad de Jerusalén, el sistema del templo eran solamente un tipo, una sombra, algo temporal, algo físico que sería reemplazado por algo más grande. Lo terrenal sería solamente una imagen o un presagio de lo celestial. Entonces, había una Sion terrenal, o Jerusalén, pero sabemos que también hay una Sion celestial, una Jerusalén celestial.

En Hebreos 12:22, el escritor dice: "Os habéis acercado al monte Sion y a la ciudad del Dios vivo, la Jerusalén celestial" (lbla). Luego, en Apocalipsis 21, Juan ve esta Jerusalén celestial bajando del cielo. Tiene doce puertas, tres en cada lado:

este, oeste, norte y sur. Y las naciones vienen y traen su gloria y honor a ella. Es celestial. Es espiritual. No es una ciudad terrenal, sino algo que es mucho más grande.

Cuando hablamos de la buena tierra hoy día, puede referirse a algo físico. Con promesas como "los justos heredarán la tierra" y "los mansos heredarán la tierra", usted puede creerle a Dios por tierra física y natural; y dependiendo del llamado de Dios sobre su vida, creer esto es importante. Dios le dará tierra y propiedad. La gente, que ha empezado a entender este mensaje, ya me ha contado testimonios de haber recibido tierra o propiedad para sus negocios, hogares y otros tipos de bienes raíces. Así que puede reclamar las promesas con relación a la buena tierra para las necesidades o deseos físicos que usted tenga. Salmo 37 dice que los justos heredarán la tierra. Cuando conduzco por una ciudad y veo tierra vacante, siempre extiendo mi mano hacia ella y digo: "Señor, deja que el justo herede la tierra. Permite que el pueblo de Dios herede la tierra". Pero lo que quiero lograr que usted vea es que hay algo mucho más grande que lo físico.

Abraham buscaba la ciudad que tiene fundamentos, cuyo arquitecto y constructor es Dios (Hebreos 11:10). Él buscaba una ciudad que no fuera construida por el hombre. Buscaba una ciudad que no era terrenal. Buscaba algo más allá de lo natural. Es la ciudad a donde llegamos cuando aceptamos a Cristo. Llegamos a Sion, llegamos a la ciudad celestial. Nacemos de esta ciudad. Nacemos de arriba. Somos ciudadanos de Sion, y nos acercamos y entramos a esta ciudad.

Este lugar es la buena tierra. Es un lugar de adoración y gloria. Es la montaña de Dios. Es el río de Dios. Es un lugar de dominio, poder y revelación. Es un lugar alto. Es un lugar de la presencia y la gloria de Dios. Es vivir en el poder y la unción de Dios, las bendiciones y la lluvia del cielo. Es un lugar donde el río de Dios fluye de su interior. Tal como dijo Jesús: "De su interior [el de usted] correrán ríos de agua viva" (Juan 7:38). Es vida en el Espíritu. Es gozo. Es paz. Es vivir lleno del Espíritu. Es disfrutar a Dios. Es disfrutar de su presencia. Es disfrutar de su ciudad y su tierra. Es lo que Abraham vio: algo más allá de lo natural, algo que tenemos en Cristo.

> Porque el reino de Dios no es comida ni bebida, sino justicia y paz y gozo en el Espíritu Santo.
> —Romanos 14:17, lbla

Repito, Abraham buscaba algo más allá de esta tierra natural, una ciudad con fundamentos, cuyo arquitecto y constructor es Dios (Hebreos 11:10). Qué versículo tan poderoso de la Escritura para decirnos que Abraham vio algo más allá de lo natural. Porque recuerde, en este punto en la narrativa, Abraham moriría, y sus descendientes no entrarían a la tierra sino hasta después de cuatrocientos años. Ellos estarían primero en esclavitud en Egipto, y Dios los sacaría de Egipto para llevarlos a la tierra de Canaán. Un día disfrutarían la tierra física, pero todavía no. Era solo un tipo, una imagen de algo mucho más grande que tenemos en Cristo.

Dios le reveló a Abraham que hay algo más grande; una ciudad que Él construyó, una ciudad que tiene un fundamento: Sion. Y por fe, Abraham vivió en esta tierra de la promesa, aunque él todavía veía más allá de ella. Él estaba viendo algo más grande. Esto es lo que Dios quiere que usted vea. Él quiere que vea lo más grande.

Aunque muchas personas concentran su atención en la Jerusalén terrenal, hay algo más grande que eso. Lo seguiré diciendo una y otra vez porque es realmente fuerte en la iglesia de hoy. Todos miran a Jerusalén, diciendo: "Esa es la ciudad santa", pero el Mesías vino a levantar a un nuevo grupo de personas, a una nueva nación llamada la Iglesia, quien ocupa un reino celestial, una Jerusalén celestial.

El escritor de Hebreos 12:22 les dijo a los hebreos que estaban conectados a la ciudad antigua, conectados a la Jerusalén celestial, que ellos tenían que llegar al monte de Sion, la Jerusalén más grande. ¡Qué mensaje! Esto significa que ahora lo más grande ha llegado. Usted no necesita lo viejo. No anda en el antiguo pacto. No vive bajo eso. El sistema antiguo ha sido eliminado. Qué bendición vivir en libertad y libre vivir más allá de lo natural.

No se confunda en lo que se refiere a Jerusalén. Hay dos Jerusalén en la Escritura: la terrenal y la celestial. Está lo natural, y luego está lo espiritual. ¿Por qué las personas centran su atención en lo terrenal y en lo natural cuando tienen lo más grande?

Con frecuencia, la gente quiere volver. En algunos casos, se convierten en sus propios Lots al permitirse llegar solamente hasta cierto punto con Dios. Pero Dios no quiere que nosotros demos vuelta atrás. Avanzamos hacia adelante. Avanzamos hacia lo celestial y lo disfrutamos. Disfrutamos la lluvia del cielo, las bendiciones del cielo, el río de Dios, el Espíritu de Dios, el mover de Dios, el avivamiento, la gloria, la alabanza y la adoración. Disfrutamos la presencia de Dios. Disfrutamos paz, shalom, salud, sanidad, prosperidad, liberación y gozo. El gozo del Señor es nuestra fortaleza. También disfrutamos de prosperidad financiera. Eso viene como resultado, pero el reino de Dios no viene con advertencia (Lucas 17:20). Lucas 17:21 dice: "ni dirán [los hombres]: Helo aquí, o helo allí; porque he aquí el reino de Dios está entre vosotros". Está en su interior. Es espiritual. Es celestial. Es por el Espíritu de Dios, no por el poder ni por la fuerza, sino por el Espíritu del Señor.

Por esta razón, me encanta la adoración y por eso hablo tanto del profeta adorador Asaf y de la gloria. Esa es la buena tierra. Apocalipsis 21 habla sobre la ciudad celestial de Dios, que está llena de la gloria de Dios. Esta ciudad no necesita la luz del sol ni la de la luna debido a que el Cordero es la luz de ella (versículo 23). Está lleno de la gloria de Dios. Es el ámbito de la gloria, el ámbito de la presencia de Dios. Ese es el ámbito donde usted vive. Usted no sale ni entra simplemente de la presencia de Dios. Es un ciudadano de Sion. Disfruta de la presencia de Dios a diario. Sobre usted hay diariamente favor nuevo, gracia nueva, gloria nueva, misericordia nueva. Disfruta del río de Dios todos los días.

La buena tierra es lo normal en el reino

La buena tierra es un estilo de vida. Es algo normal en el reino. Encontrarse con la gloria de Dios debería ser normal. Debería ser algo que usted experimenta constantemente. Nosotros vamos por todo el país haciendo reuniones de gloria, y muchas personas vienen y dicen que nunca han experimentado nada igual a la adoración profética o a la gloria de Dios. Yo les digo que esto es normal en el reino. Esto es lo que usted debería estar disfrutando siempre. Sin embargo, a veces vamos a lugares donde el énfasis no es la gloria de Dios, ni la adoración ni lo profético ni el río de Dios, debido a la falta de revelación, a la falta de enseñanza y a la falta de fe en esta área. No hay enseñanza ni revelación. Lo que debería ser normal, no lo es.

Cuando usted crece en una ciudad, las cosas con las que se encuentra en la vida diaria en esa ciudad deberían ser normales. Ese es su estilo de vida, la atmósfera normal, ya sea que usted viva en Nueva York, Chicago, Los Ángeles o Miami. No despierta todos los días diciendo: "Caramba, miren esta ciudad". No, eso es normal para usted. Lo mismo sucede con lo celestial. Se vuelve normal. La revelación, los sueños, las visiones, la profecía, las lenguas, la interpretación, las sanidades, los milagros, la fe, el discernimiento de espíritus, la palabra de conocimiento, la palabra de sabiduría, los avances, las señales, las maravillas, la presencia, la gloria, la reverencia, las canciones del Señor, los trovadores, los sonidos nuevos, las bendiciones, el favor, la lluvia; todo esto es normal. Esto es normal en el reino. Esto es lo celestial. Aunque vivimos en esta tierra, disfrutamos de lo celestial.

Créale a Dios y empiece a confesar las cosas que Dios está revelándole con relación a la buena tierra. Empiece a decretarlas y a creerlas porque estas son su herencia. Los justos heredarán la tierra. Los mansos heredarán la tierra. Sin embargo, repito, es algo más grande que lo físico. Es su herencia. Le pertenece en Cristo. No permita que la tradición, la religión ni los Lots le roben su herencia. No. Poséala. Es suya en Cristo. Y por fe, puede andar en ella.

Creo que, en la medida en que escuche esta palabra, la fe estará siendo estimulada en su corazón. A medida que estudia, recibirá una revelación de ella y empezará a andar en ella. Empezará a disfrutar la buena tierra. Empezará a disfrutar la ciudad celestial. Empezará a disfrutar Sion. Su vida cambiará. Saldrá de lo viejo y entrará a lo nuevo. Usted es una criatura nueva en Dios, es una creación nueva. Está lleno del vino nuevo. Dios le ha dado un nuevo mandamiento, un pacto nuevo, un cielo nuevo y una tierra nueva. Él hace todo nuevo. La buena tierra le pertenece. Disfrútela. No permita que la religión, la esclavitud ni los predicadores se la confundan. No viva bajo la condenación, la culpa, la ley, el legalismo, la esclavitud, la tristeza, el control, la hechicería, la manipulación, la subyugación, la religión ni bajo las tradiciones. No viva sin la alabanza, la adoración, la gloria y sin la presencia. No se quede atorado en estos sistemas religiosos antiguos. Salga. Encuentre una iglesia llena de gloria. Encuentre una iglesia que esté llena de adoración y revelación, una que abrace lo profético, la liberación y el poder de Dios. No me importa si tiene que conducir una hora para llegar allí. Algunas personas conducen tres o cuatro horas para llegar a la iglesia *Crusaders* porque quieren estar rodeadas del ámbito celestial.

No se seque ni muera en un lugar que no tiene la revelación, la enseñanza, la profecía, la liberación, la presencia, la gloria, la canción del Señor o a Sion. No importa qué Lots quieran aferrarse a usted e impedirle que avance hacia lo que Dios tiene para usted. Incluso si sus padres asistieron allí y usted creció allí; si Dios lo está llamando a algo nuevo, váyase. Dios le dijo a Abraham que saliera de su país y entrara a la buena tierra. Le animo a entrar a la nueva tierra. Recíbala. Obtenga una visión de ella. Eso cambiará su vida.

Existe una ciudad que tiene fundamentos, cuyo arquitecto y constructor es Dios. Es celestial. Es buena. Es Sion. Es nueva. Bajó del cielo. Está aquí ahora. La disfrutamos. Andamos en ella. Nacimos en esa ciudad, nacidos de arriba, nacidos de nuevo. Somos ciudadanos de ella. Llegamos a ese lugar llamado Sion, la montaña de Dios; el lugar de dominio, poder, bendición, lluvia y gloria refrescante. Qué estilo de vida. Qué bendición es vivir y andar en este ámbito.

Capítulo 4

DESPEJE LA TIERRA

HACE MUCHOS AÑOS, preparé una enseñanza sobre liberación llamada "Despeje la tierra" que estaba basada en el tiempo en que Israel estaba yendo hacia la tierra que Dios les había prometido. Antes de que los israelitas llegaran allí, Dios les dijo que sacaran a las naciones que ocuparon la tierra a su llegada: los cananeos, hititas, heveos y jebuseos. Estas eran naciones impías que habitaban en la tierra de Canaán. Eran idólatras involucrados en todo tipo de hechicería, espíritus familiares, adivinación, geomancia, adoración a Baal, perversión sexual, prostitución en el templo y otros tipos de inmoralidad. La Biblia dice que la tierra fue contaminada y que esta vomitaba o escupía a sus moradores (Levítico 18:25).

A lo largo del libro de Josué leemos cómo Dios envió a Israel a la tierra para expulsar a sus enemigos. Le dijo a Israel que derrumbara los altares y quemara a sus ídolos, a sus imágenes talladas. Dios ordenó que Israel no debería siquiera tomar el oro y la plata de las imágenes talladas porque estaba maldito y dedicado a los demonios. Se le ordenó a purgar completamente la tierra con fuego.

Sus acciones son un tipo o imagen de liberación, ya que Jesús, quien es el verdadero Israel de Dios, salió de Egipto y expulsó al enemigo del pueblo de Dios así como lo hizo Israel. A medida que crecía y se acercaba al tiempo de su ministerio, Jesús fue al río Jordán para ser bautizado. Juan lo bautizó en el agua, lo cual es simbólico de Moisés llevando a Israel a través del mar Rojo. Luego, el Espíritu de Dios vino sobre Jesús, lo que es una imagen de Israel cubierto por la nube, que representaba la presencia de Dios.

Israel fue bautizado en Moisés en el mar y en la nube. Jesús fue bautizado por Juan en el agua, y el Espíritu de Dios vino sobre Él. Jesús fue al desierto durante cuarenta días. Israel estuvo en el desierto por cuarenta años. Aunque el tiempo extendido de Israel en el desierto fue el resultado de su caída ante la tentación, Jesús no falló en su tiempo de refinamiento y prueba. Él venció a la tentación del diablo en el desierto, regresó en el poder del Espíritu y volvió al Jordán.

Israel atravesó el Jordán hacia la tierra y expulsó a las naciones idólatras. Jesús regresó a través del Jordán a la tierra y empezó a echar fuera demonios. Las naciones idólatras de la época de Israel fueron equiparadas a los demonios en el ámbito espiritual. Jesús es el verdadero Israel de Dios, y aquellos que están en Cristo son parte del verdadero Israel de Dios, ya que han sido injertados en la simiente de Abraham.

Cuando Jesús empezó a echar fuera demonios y a expulsarlos de la vida de la gente, por toda la tierra de Galilea, Él estaba despejando la tierra espiritual en la misma medida en que Israel despejó la tierra física. Cuando usted recibe liberación y los demonios de su vida son expulsados, usted está despejando y limpiando su tierra espiritual y preparando su tierra para ser bendecida.

La liberación es un ministerio muy importante. Todos necesitamos atravesar el proceso de liberación a fin de lidiar con el rechazo, las heridas, la rebelión, el orgullo, la lujuria, la hechicería, la inmoralidad, la amargura, la falta de perdón, el enojo, la ira, la enfermedad y los espíritus generacionales. La liberación ha sido un punto principal en mi ministerio en los últimos treinta años. A través de la liberación, su vida, su mente, su cuerpo, sus emociones y su tierra serán bendecidos.

No haga ningún pacto con los habitantes

Cuando entra a la buena tierra, los enemigos espirituales ya estarán ocupando el espacio que Dios le ha prometido. A través de una cantidad de posibilidades, tales como las maldiciones o pecados generacionales, usted ha entrado en un acuerdo con ellos, a veces sin darse cuenta. Dios lo guiará a romper esos acuerdos.

El enemigo enviará también espíritus para mantenerlo fuera de la tierra. Dios manda que usted los expulse inmediatamente y a no hacer pactos con ellos, ni con sus dioses. Él les dio exactamente esta misma advertencia a Israel en Éxodo 23:32-33: "No harás alianza con ellos, ni con sus dioses. En tu tierra no habitarán, no sea que te hagan pecar contra mí sirviendo a sus dioses, porque te será tropiezo". Dios les dijo que destruyeran esas naciones enemigas y que las expulsaran, y si no lo hacían, esas naciones serían un tropiezo y una trampa para ellos, como espinas en sus costados. Dios dijo que esas naciones seducirían a Israel, lo hundirían y lo llevarían por el mal camino.

Luego, en Jueces 2, descubrimos que Israel no obedeció a Dios. En vez de expulsar totalmente de la tierra a todas las naciones, hizo pactos con algunas de ellas:

> Yo os saqué de Egipto, y os introduje en la tierra de la cual había jurado a vuestros padres, diciendo: No invalidaré jamás mi pacto con vosotros, con tal que vosotros no hagáis pacto con los moradores de esta tierra, cuyos altares habéis de derribar; mas vosotros no habéis atendido a mi voz..
>
> —Jueces 2:1-2

Con el tiempo, Israel empezó a adorar a los mismos demonios que estaban detrás de los ídolos en la nación. Como resultado, los israelitas fueron expulsados de la tierra y llevados a setenta años de cautiverio en Babilonia.

Pecados que contaminan la buena tierra

La bendición de Dios no puede llegar a la tierra cuando hay contaminación o inmoralidad en ella. Debemos deshacernos de todo lo que contamina nuestra tierra. Hay ciertos pecados que sí contaminan; Dios los llama abominaciones. Los más obvios son hechicería, ocultismo y adivinación. Estos deben ser expulsados de nuestra tierra. Si ellos habitan allí, no podemos ser bendecidos. Nuestra tierra no puede ser bendecida. Estos espíritus, que se oponen a Dios, incluyen cosas como profetas falsos y carismáticos, cualquier tipo de control o manipulación jezabélica y cultos. Usted no puede tener estas cosas funcionando en su tierra y ser bendecido.

Liderazgo controlador

El liderazgo controlador es solo otra forma de hechicería. Su tierra no será bendecida si usted está bajo un líder controlador. He enseñado mucho sobre el liderazgo controlador y dominante, y este es preponderante, especialmente en iglesias pentecostales. Ahora bien, yo creo en la sumisión a una autoridad devota, pero no creo en el liderazgo controlador, dominante y manipulador que maneja su vida.

La tierra de Israel fue bendecida únicamente cuando los israelitas se sometieron al Espíritu o al gobierno de Dios. Dios era su Rey y su Gobernador, y en la medida en que ellos se sometían a su Palabra, Él bendecía su tierra. Sin embargo, el pueblo de Israel llegó a estar bajo reyes que lo guiaba a la idolatría y al pecado. Así que, tenga mucho cuidado de la clase de liderazgo a la que se somete. No permanezca bajo liderazgo falso, controlador, abusivo y dominante. Ni su tierra ni su vida serán bendecidas.

Si usted se encuentra sometido a este tipo de liderazgo, necesita limpiar su tierra de la gente jezabélica controladora, dominante y manipuladora. No les permita controlar, seducir ni manipular su vida. En las iglesias carismáticas pentecostales, estas personas podrían usar las lenguas, la profecía y la prédica para seducir, controlar, dominar y manipular. Ellos le dirán: "No piense. Solo haga lo que yo digo".

Esto no es saludable, y esto no es de Dios. Guiar a la gente de esta manera no trae la bendición de Dios sobre la tierra. Trae maldición. Mejor, sométase a líderes devotos que no sean controladores, manipuladores ni abusivos. Sométase a los que no lo golpean, abusan ni controlan, que no tratan de tomar todo lo que usted tiene. No les permita llevarlo bajos las maldiciones de ellos por medio de la posición que tienen, diciendo: "Yo soy un apóstol yo soy un profeta yo soy un obispo. Tú haces lo que yo digo"; y, luego, lo maldicen cuando usted se va. Eso es hechicería. Esta no es la forma de ser bendecido.

Encuentre un líder y pastor piadoso, que ame a Dios, que lo ame a usted, que le enseñe, capacite y active. Sin embargo, no se engañe: no hay nada malo en la corrección piadosa que se hace en amor. Encuentre un lugar donde reine la libertad y el amor. Cuando el pastor o líder lo ama, le enseña, ora por usted, lo ministra en amor y no es controlador ni abusivo, usted es bendecido.

Perversión sexual

En la tierra había sodomitas: prostitutas del templo, cuyas conductas y prácticas eran inmorales. Saque la perversión sexual de su tierra. Libérese de su lujuria e inmoralidad. No puede tener eso en su tierra ni en su vida y tener la expectativa de vivir en la buena tierra.

Muchos tienen problemas en esta área, pero Dios los libertará. Someta su carne al Espíritu de Dios y obedezca su Palabra.

Llénese con el Espíritu Santo y tenga disciplina y autocontrol para que pueda llevar un estilo de vida gratificante.

Ataduras impías del alma

Rompa con las ataduras impías del alma y apártese de las relaciones que no son de Dios. Sepárese de las personas que lo jalan a estilos de vida inmorales. No tenga ataduras del alma con personas con las que siempre termina acostándose, personas que no son su cónyuge. Esta no es la manera de vivir en la buena tierra.

No permita que la gente contamine su tierra. No permita que la gente inmoral dirija su vida ni que esté en ella. Si esas personas no quieren vivir en orden, quizá usted pueda ministrarles, pero solamente por medio de su responsabilidad ejemplar y su discernimiento de lo que el Espíritu de Dios quiere para usted. Su alma no puede estar atada a personas inmorales, a quienes están involucrados en la hechicería, la falsa doctrina, la falsa profecía, los espíritus religiosos, la perversión y la inmoralidad. No puede permitir que esas personas lo contaminen. No puede estar atado a gente que usa palabras profanas y que dice chismes y critica. No les permita meter toda esa mugre en sus oídos.

No tema andar solo durante un tiempo. Es mejor estar solo y vivir en santidad que estar atado en el alma con personas inmorales, porque su tierra es importante. Es importante que usted tenga una tierra limpia y bendecida.

Amargura

La amargura es otra manera en que la tierra puede ser contaminada. Hebreos 12:14-15 nos dice: "Seguid la paz no sea que brotando alguna raíz de amargura, os estorbe, y por ella muchos sean contaminados". La amargura y la falta de perdón pueden contaminar su tierra. Usted no puede vivir en la buena tierra con amargura, falta de perdón, enojo, odio e ira

Despeje la tierra | 47

en su vida. Tiene que arrepentirse de todas estas cosas. Líbrese de ellas. Perdone y sea libre.

Obscenidades y chismes

Jesús dijo: "no es lo que entra en la boca lo que contamina al hombre; sino lo que sale de la boca, eso es lo que contamina al hombre" (Mateo 15:11, LBLA). ¿Qué clase de palabras está diciendo? Creo que la gente que maldice, critica, dice chismes y obscenidades tendrán problemas para mantener la bondad en su tierra. Estas personas están contaminadas, y su tierra es inmoral.

Cuando alguien se involucra en un discurso de odio, es una señal de que los demonios están en su vida y se manifiestan a través de su boca. Chismosear, criticar, maldecir y profanar son señales de una ocupación demoniaca, y usted debe expulsarla.

La bendición de la liberación

La liberación es una clave muy importante para ocupar la buena tierra y para mantener una vida dentro de sus fronteras. Le animo a obtener copias de mis libros: *Manual de liberación y guerra espiritual*, *El pacto de Dios con usted para su rescate y liberación*, e *Inquebrantable*, los cuales hablan sobre el doble ánimo, la manifestación de los espíritus de rebeldía y rechazo, cómo trabajan juntos. Estos libros le darán un entendimiento de las áreas en las que usted podría necesitar liberación. Le mostrarán cómo recibir oración y liberación que le ordene a estos espíritus que salgan de su vida. Incluso, le mostrarán cómo llevar a cabo la autoliberación para que se mantenga fuerte y libre.

Usted quiere despejar la tierra. Quiere que la tierra sea bendecida. Quiere disfrutar de la gloria y la lluvia del cielo. No quiere en su tierra algo que la contamine. La liberación lo coloca en una posición para que su tierra sea bendecida y para que la prosperidad, la abundancia, la gloria, el gozo, la paz y las finanzas fluyan en su vida. Todas estas cosas vendrán sobre su tierra cuando esté despejada de la influencia del enemigo.

Hay una bendición que viene con la liberación. No permita que nadie le diga lo contrario. La liberación es un ministerio que despejará y limpiará su tierra para que pueda recibir las bendiciones del cielo. Todos esos grupos demoniacos impuros —las cadenas demoniacas impuras como el temor, la lujuria, el enojo, el odio, la amargura, el rechazo, la rebeldía y el orgullo— contaminarán su tierra y trasladarán cosas allí que evitarán la bendición de Dios. Dios bendice la tierra limpia, la que ha sido limpiada, redimida, perdonada y liberada. Él derrama su bendición, su lluvia del cielo y su Espíritu sobre esa tierra.

Así que despeje la tierra. Limpie su tierra. Expulse cualquier cosa que esté allí que sea impura, y deje que su fe crezca por la buena tierra, una tierra donde fluyen ríos y agua, lluvia y abundancia, cobre, plata y bronce. Es una tierra de *kjail*, que significa fortaleza, poder, abundancia, sabiduría, favor e influencia. En la buena tierra usted les prestará a muchos, pero no pedirá prestado. Será cabeza y no cola. Será bendecido en su entrada y bendecido en su salida. Será bendecido en la ciudad y bendecido en el campo. En la buena tierra Dios quitará enfermedad y padecimientos de su entorno. Eso es vivir en la tierra bendecida, la buena tierra.

En esta próxima sección, quiero llevarlo a través de un análisis, escritura por escritura, de los atributos y las características de la buena tierra. Si está familiarizado con mis series de escrituras temáticas, esta sección se parece mucho a eso. Es mi oración que sea bendecido a medida que lee las palabras directamente del corazón de Dios sobre la vida y la tierra que Él desea para usted.

PARTE II

CARACTERÍSTICAS DE LA BUENA TIERRA COMO LA REVELA LA ESCRITURA

Capítulo 5

UN LUGAR GRANDE Y ABUNDANTE

LA BUENA TIERRA es un lugar grande. Es un lugar de espacio más que suficiente. Hay espacio para crecer y expandirse en la buena tierra. No está confinado a un pensamiento pequeño, a creer en pequeño, a un fluir profético pequeño ni a proezas pequeñas. ¡La buena tierra tiene provisión expansiva, unción expansiva, incremento expansivo y gloria expansiva!

> Me sacó a lugar espacioso; me libró, porque se agradó de mí.
>
> —SALMO 18:19

> Desde la angustia invoqué a JAH, y me respondió JAH, poniéndome en lugar espacioso.
>
> —SALMO 118:5

La sabiduría de Dios le lleva a un lugar grande

La sabiduría es lo mejor de todo. La sabiduría es mejor que el oro fino. La sabiduría lo llevará por los caminos de la justicia y el derecho. Usted heredará sustancia. La sabiduría llenará sus tesoros.

> Mejor es mi fruto que el oro, y que el oro refinado; y mi rédito mejor que la plata escogida. Por vereda de justicia guiaré, por en medio de sendas de juicio, para hacer que los que me aman tengan su heredad, y que yo llene sus tesoros.
>
> —PROVERBIOS 8:19-21

La sabiduría, la humildad y el entendimiento son mejores que el oro y la plata. Lo mejor es una vida de sabiduría. Dios quiere darle su sabiduría. Dios quiere que usted tenga lo mejor.

> Adquirir sabiduría, cuánto mejor que el oro, y adquirir inteligencia es preferible a la plata.
> —PROVERBIOS 16:16, LBLA

> Tesoro precioso y aceite [la mejor comida] hay en la casa del sabio, pero el necio todo lo disipa [consume, traga].
> —PROVERBIOS 21:20, LBLA, CORCHETES AÑADIDOS

La sabiduría llenará su casa con lo mejor. Los necios no disfrutarán lo mejor. Dios nos enseña a tener ganancias. Él nos enseña lo que es mejor.

> Así dice el Señor, tu Redentor [quien te salva], el Santo de Israel: Yo soy el Señor tu Dios, que te enseña para tu beneficio [lo que es mejor; o cómo tener éxito], que te conduce por el camino en que debes andar.
> —ISAÍAS 48:17, LBLA, CORCHETES AÑADIDOS

Someta sus planes al Señor y reciba lo mejor de Dios

Si quiere lo mejor de Dios, debe someter sus planes a Él. Muchos no lo hacen, y se preguntan por qué ellos no disfrutan lo mejor de Dios.

> Encomienda a Jehová tus obras, y tus pensamientos serán afirmados.
> —PROVERBIOS 16:3

Someter sus obras (someter sus planes) al Señor es clave para triunfar y tener lo mejor. Preste atención a algunas de las traducciones diferentes para esta escritura:

Encomienda [ríndelas y confíalas a Él] tus obras al Señor, y tus propósitos se afianzarán [si respondes a Su voluntad y guia].

PROVERBIOS 16:3, LBLA, CORCHETES AÑADIDOS

Pon en manos del Señor todo lo que haces, para que tus planes se hagan realidad.

PROVERBIOS 16:3, PDT

Encomienda al Señor tus obras y se realizarán tus planes.

PROVERBIOS 16:3, BLPH

Confíe en el Señor y reciba lo mejor de Dios

Al ver las traducciones de Proverbios 16:3 antes incluidas, observa cómo poder someter sus planes a Dios tiene mucho que ver con confiar en Él. Por lo tanto, confiar en el Señor es otra clave para recibir lo mejor de Dios. Usted no puede apoyarse en su propio entendimiento. Dios dirigirá su camino cuando usted lo reconozca a Él en todos sus caminos.

Fíate de Jehová de todo tu corazón, y no te apoyes en tu propia prudencia. Reconócelo en todos tus caminos, y él enderezará tus veredas.

—PROVERBIOS 3:5-6

Los planes de Dios para su vida son los mejores. Los pensamientos de Dios por usted son los mejores.

Porque yo sé los pensamientos que tengo acerca de vosotros, dice Jehová, pensamientos de paz, y no de mal, para daros el fin que esperáis.

—JEREMÍAS 29:11

Este es el sentir de Dios por su pueblo. Dios no se complace cuando usted no crece y no recibe el mejor plan del Señor para su vida. Los planes de Dios son de paz (shalom) y de prosperidad, y Él se complace en la prosperidad de sus siervos.

Para quienes quieren lo mejor para mí, les deseo gozo
y felicidad. Que ellos digan siempre: "Alabado sea el
Señor, quien quiere lo que es mejor para su siervo".
—Jeremías 29:11, [traducción libre de la versión erv
disponible solo en inglés]

En otras palabras, Dios se complace cuando nosotros tenemos lo mejor.

Dios desea que usted tenga los mejores triunfos, victorias y bendiciones

Usted puede tener los mejores consejos y las mejores estrategias.
Esto le dará el mejor triunfo.

Busca buen consejo al hacer tus planes; se necesita una
buena estrategia para librar una guerra.
—Proverbios 20:18, pdt

Usted ganará sus batallas gracias a la sabiduría y la estrategia. La sabiduría le dará las mejores victorias.

La guerra se libra con buena estrategia; con muchos
consejeros se logra la victoria.
—Proverbios 24:6, pdt

Jesús vino para que podamos tener una vida abundante
(Juan 10:10). La vida abundante es la mejor. La vida en el Espíritu es la mejor. Una vida de sabiduría es la mejor. Nos se
conforme con una vida que no sea la mejor. La mejor vida es la
de prosperidad y abundancia. Tal como Dios le dio las mejores
bendiciones a David, usted puede creerle a Dios por sus mejores y más selectas bendiciones.

Te pidió vida, se la concediste: una vida larga y duradera.
—Salmo 21:4, ntv

Lo mejor es lo que le satisface a usted

No deberíamos desperdiciar nuestro tiempo ni nuestro dinero en cualquier cosa que sea menos que lo mejor. Lo mejor le da satisfacción.

> ¿Por qué gastan el dinero en lo que no es pan, y su trabajo en lo que no satisface? Óiganme atentamente y coman del bien, y su alma se deleitará con manjares.
> —Isaías 55:2, rva-2015

> Mantequilla de las vacas, leche de las ovejas, con sebo de corderos y carneros, y machos cabríos de Basán. Con lo mejor del trigo y de la sangre de uvas bebiste vino.
> —Deuteronomio 32:14, rva-2015

Grosura: Una imagen de la opulencia, el incremento y la abundancia

> Y tomad a vuestro padre y vuestras familias, y venid a mí, que yo os daré lo bueno de la tierra de Egipto y comeréis la grosura de la tierra.
> —Génesis 45:18, jbs

Según los escritores de *The Simple Answers* (Respuestas sencillas):

> Muchas culturas, particularmente las del Medio Oriente, consideran la grosura como una exquisitez. Y, tal como vimos, solo la grosura visceral está prohibida. Aquí, Dios promete que ellos comerán de la grosura de la tierra. También existe un significado doble porque aquí la grosura (la misma palabra hebrea se usa del mismo modo en otras partes en Levítico) es representada como una bendición de abundancia de alimentos y la buena tierra. Debido a que la grosura es uno de los productos finales del metabolismo en el cuerpo, Dios la usa para representar el producto final de trabajar una tierra buena y productiva; en ese sentido, la grosura también

representaría las botellas de vino y aceite, los establos llenos de heno y los cestos llenos de grano para el año siguiente.[1]

La grosura o grasa en su cuerpo es exceso. Su cuerpo almacena grasa. La grasa, por lo tanto, es una imagen del incremento. Aunque esto es cierto y cumple con el propósito de demostrar la revelación espiritual, por favor, tenga presente que en Estados Unidos y en otras culturas occidentalizadas, la gordura física —lo que podríamos llamar *obesidad* en nuestro cuerpo natural y físico— es dañina, y está sucediendo a un ritmo epidémico en nuestro país. Muchos mueren a causa de diferentes problemas físicos, emocionales y espirituales que provocan un desequilibrio, así como también problemas de autocontrol que llevan a comer de más y, en algunos casos, a enfermedades mortales como las cardíacas y la diabetes.

En mi libro *Inquebrantable* hablo de las raíces espirituales de muchas enfermedades a las que llamamos "enfermedades de estilo de vida". La templanza, la moderación y el autocontrol son necesarios cuando se trata de nuestro cuerpo físico, pero en el ámbito espiritual, a Dios le encanta colmarnos de abundancia y exceso cuando entramos al reino y a la buena tierra. Él es un buen Padre celestial, el Rey del reino invisible, a quien le encanta otorgarles magníficos regalos a sus hijos.

Los escritores de *The Simple Answer* continúan:

> Entonces esta es la conclusión: en la medida en que Dios bendice a la persona o nación justa, esta acumula exceso; lo que en la Biblia se llama "incremento". En la medida en que un cuerpo sano crece alimentándose bien, este acumula un exceso saludable que almacena y se le llama "grasa".[2]

La grasa o grosura también es una imagen de "lo mejor". Tal como lo mencioné antes, la palabra *mejor* en hebreo es *heleb* o *cheleb* y significa "grosura la parte más sustanciosa o escogida: La más fina, la grasa, la médula ósea abundancia (de los productos de la tierra)".[3]

Uno produce grasa cuando participa de "lo mejor". Uno produce grasa cuando uno participa de la riqueza de la Palabra de Dios. Uno produce grasa cuando está en la riqueza de la presencia y la gloria de Dios. Los yugos de su vida son destruidos. Su cuello se vuelve demasiado grande para los yugos del enemigo.

Gordura, orgullo y rebeldía

También existe un lado negativo de la grosura. Israel se puso gordo y rebelde. La grosura y la prosperidad pueden llevar al orgullo y a la rebeldía.

> Y engrosó Jeshurun, y tiró coces: Engordástete, engrosástete, cubrístete: Y dejó al Dios que le hizo, y menospreció la Roca de su salud.
>
> —Deuteronomio 32:15, rva

La versión La Biblia de las Américas, lo dice de esta manera:

> Pero Jesurún engordó y dio coces (has engordado, estás cebado y rollizo); entonces abandonó a Dios que lo hizo, y menospreció a la Roca de su salvación.
>
> —Deuteronomio 32:15, lbla

Debemos ser cuidadosos en lo que respecta a volvernos bendecidos y libres. Debemos tener cuidado de no volvernos orgullosos. La humildad es siempre la clave para mantener la libertad y andar en las bendiciones de Dios.

Chaim Bentorah dice: "Un granjero me dijo que una vaca bien alimentada se volverá insolente y rebelde y terminará dándole coces si uno no tiene cuidado. La vaca se vuelve malcriada y exigente. Eso parece ser la idea detrás de este versículo [Deuteronomio 32:15]. Podemos volvernos gordos y haraganes con las bendiciones de Dios y luego, cuando Él nos quita una, empezamos a chillar y patear".[4]

Dios le advirtió a Israel sobre saciarse y olvidarlo a Él. Los orgullosos están envueltos en su grosura (Salmo 17:10). Su corazón puede engrosarse (gordo, grueso). (Vea Mateo 13:15).

> Y comerás y te saciarás, y bendecirás a Jehová tu Dios por la buena tierra que te habrá dado. Cuídate de no olvidarte de Jehová tu Dios, para cumplir sus mandamientos, sus decretos y sus estatutos que yo te ordeno hoy; no suceda que comas y te sacies, y edifiques buenas casas en que habites, y tus vacas y tus ovejas se aumenten, y la plata y el oro se te multipliquen, y todo lo que tuvieres se aumente; y se enorgullezca tu corazón, y te olvides de Jehová tu Dios, que te sacó de tierra de Egipto, de casa de servidumbre.
> —Deuteronomio 8:10-14

En otras palabras, no se permita volverse engreído. No se olvide de Aquel que reventó sus cadenas y le hizo crecer. No se olvide de Quien lo unge para prosperar y obtener riqueza (Deuteronomio 8:18). La humildad y la mansedumbre deben ser el estándar para su vida. La humildad trae riquezas y honor (Proverbios 22:4). La humildad trae promoción. Nunca se vuelva gordo y orgulloso.

La grosura y el espíritu de Eglón

A los malvados les gusta engordarse con lo que le pertenece al pueblo de Dios. Llamo a esto el espíritu de Eglón. Eglón y los moabitas oprimieron a Israel.

> Y entregó el presente a Eglón rey de Moab; y era Eglón hombre muy grueso.
> —Jueces 3:17

Dios envió a Aod a matar a Eglón y a librar a Israel de su control. Aod le ensartó un puñal a Eglón y el puñal quedó cubierto con la grasa. Eglón no pudo sacar el puñal y murió.

La grosura y los malvados

Aquí hay un versículo interesante del libro de Job que se refiere a los malvados devorando las riquezas:

> Devoró riquezas, pero las vomitará; de su vientre las sacará Dios.
>
> —Job 20:15

Esta es una imagen del juicio de Dios contra los malvados, orgullosos y rebeldes. "Los ojos se les saltan de gordura; logran con creces los antojos del corazón (Salmo 73:7). Dios manda su ira sobre ellos.

> Cuando se pusiere a llenar su vientre, Dios enviará sobre él el ardor de su ira, y la hará llover sobre él y sobre su comida.
>
> —Job 20:23

Dios juzgó a los malvados que engordaron destruyendo a su pueblo.

> Porque os alegrasteis, porque os gozasteis destruyendo mi heredad, porque os llenasteis (engordasteis) como novilla sobre la hierba, y relinchasteis como caballos.
>
> —Jeremías 50:11 (paréntesis añadido)

Dios juzgó al rico que engordó al oprimir al pobre. Ellos eran como vacas gordas engordándose. En otras palabras, usted no debe engordar aprovechándose de la gente.

> Habéis vivido en deleites sobre la tierra [la grosura de la tierra], y sido disolutos; habéis engordado vuestros corazones como en día de matanza.
>
> —Santiago 5:5, corchetes añadidos

Amós llamó a las mujeres de Samaria "vacas gordas". Ellas estaban oprimiendo a los pobres y robándoles a los necesitados.

Escúchenme «vacas gordas» de Basán, es decir, mujeres ricas de Samaria, que maltratan a los pobres y humillan a los necesitados, que les ordenan a sus esposos: «¡Tráigannos vino para emborracharnos!».

—AMÓS 4:1, NBV

Somos libertados del pecado y la esclavitud para trasladarnos a la nueva tierra. Somos libertados para ir a un lugar grande, un lugar de abundancia. La buena tierra es un lugar grande. Es un lugar de espacio más que suficiente. Hay espacio para crecer y expandirse en la buena tierra.

Capítulo 6

UNA TIERRA DE LECHE Y MIEL

La buena tierra es una tierra de leche y miel. La leche y la miel representan dulzura, amor, intimidad, nutrición y abundancia. La leche es particularmente una imagen de consuelo y comodidad. También representa la Palabra de Dios y la pureza. La miel es una imagen de la dulzura de la palabra profética. La miel representa palabras placenteras que llevan sanidad y restauración.

Dios llevó a Israel a una tierra llena de leche y miel. Jonathan Cohen, el escritor de *"Why Milk and Honey"* [Por qué leche y miel], dice lo siguiente:

> Para nosotros, "leche y miel" se origina en la Biblia hebrea en la descripción de Dios sobre el país entre el mar Mediterráneo y el río Jordán, conocido como Canaán. Primero se describe como "una tierra buena y espaciosa, una tierra que fluye leche y miel".
>
> Generalmente, recibimos y aceptamos la definición de "leche y miel" como una metáfora que tiene el significado de todo lo bueno: Las bendiciones de Dios y que la Tierra Prometida debe haber sido una tierra de fertilidad extraordinaria. La frase "fluye leche y miel" se entiende como hiperbólicamente descriptiva de la riqueza de la tierra; de allí, su uso actual para expresar la abundancia de medios puros de disfrute.
>
> El hebreo original (transliterado) es "e-retz za-vat ha-lay oo-d'yash"; literalmente: *tierra* (e-retz) que fluye

(za-vat) leche (ha-lay) *y* (oo-) *miel* (d´yash). La palabra traducida "fluye" viene del verbo "zooy" que significa fluir o manar. Una clave para entender esta palabra en el contexto bíblico es una apreciación de las asociaciones sexuales del ser humano, dado que variantes de ello se usan en otra parte en la Biblia para denotar los fluidos corporales de los genitales de un hombre o de una mujer.

De este modo, en el hebreo, la palabra "za-vat" sugiere la idea de una tierra que mana leche y miel en un fluir repentino y copioso, y también, como si rebosaran y gotearan.[1]

Y mamarás la leche de las naciones, el pecho de los reyes mamarás; y conocerás que yo Jehová soy el Salvador tuyo y Redentor tuyo, el Fuerte de Jacob.

—Isaías 60:16

Como mencioné antes, la leche es una imagen de consuelo y comodidad; viene con la gloria. La buena tierra es un lugar de gloria.

Para que maméis y os saciéis de los pechos de sus consolaciones; para que bebáis, y os deleitéis con el resplandor de su gloria.

—Isaías 66:11

La leche representa la Palabra. La Palabra de Dios provee fortaleza. La Palabra de Dios lo establece y refresca. La Palabra de Dios cambia su patrón de pensamiento.

Desead, como niños recién nacidos, la leche espiritual no adulterada, para que por ella crezcáis para salvación.

—1 Pedro 2:2

La leche también representa pureza. La buena tierra es un lugar de pureza.

Sus nobles fueron más puros que la nieve, más blancos
que la leche; Más rubios eran sus cuerpos que el coral,
su talle más hermoso que el zafiro.

—LAMENTACIONES 4:7

Miel y dulzura

La miel representa dulzura. Es una imagen de la dulzura de la
palabra profética. Una dimensión de la unción profética es un
movimiento. La gente profética está moviéndose y avanzando
constantemente. Los ministerios proféticos están en acción en
el ámbito espiritual. No están estancados y secos. Llevar una
palabra fresca, una unción fresca y una visión nueva.

Cuando uno recibe una palabra profética ¡esta es dulce! Lo
bendice, lo anima y lo instruye. Lo profético lo guiará a la buena
tierra. A medida que Dios habla, sus instrucciones se aclaran.

Y me dijo: Hijo de hombre, alimenta tu vientre, y llena
tus entrañas de este rollo que yo te doy. Y lo comí, y fue
en mi boca dulce como miel.

—EZEQUIEL 3:3

Deseables son más que el oro, y más que mucho oro
afinado; Y dulces más que miel, y que la que destila del
panal.

—SALMO 19:10

Miel, trigo y aceite

La miel que proviene de la roca satisface. La buena tierra está
llena de miel y también llena de trigo. El trigo representa cosecha y es el ingrediente principal del pan. Jesús es el Pan de vida.
El pan satisface y fortalece el corazón.

Les sustentaría Dios con lo mejor del trigo, y con miel
de la peña les saciaría.

—SALMO 81:16

La miel y el aceite provienen de la roca. Jesús es la roca.

> Lo hizo subir sobre las alturas de la tierra, y comió los frutos del campo, e hizo que chupase miel de la peña, y aceite del duro pedernal.
>
> —Deuteronomio 32:13

La miel es sanadora y restaurativa

La miel representa palabras placenteras que llevan sanidad y restauración. Palabras del Señor que sanarán su corazón, su ministerio y su cuerpo. De hecho, uno de los métodos más grandes de sanidad es sencillamente leer y confesar escrituras de sanidad. La Palabra de Dios contiene poder sanador para cada faceta de su vida.

> Panal de miel son los dichos suaves; Suavidad al alma y medicina para los huesos.
>
> —Proverbios 16:24

Comemos miel porque es buena. La miel es dulce al paladar.

> Come, hijo mío, de la miel, porque es buena, y el panal es dulce a tu paladar.
>
> —Proverbios 24:13

> Gustad, y ved que es bueno Jehová; Dichoso el hombre que confía en él.
>
> —Salmo 34:8

La leche y la miel representan intimidad y amor

La miel y la leche representan intimidad y amor. La buena tierra es un lugar de intimidad con el Padre. Es un lugar de relaciones de amor, adoración, oración y búsqueda. La buena tierra es un lugar de comunión con Dios.

Como panal de miel destilan tus labios, oh esposa; Miel
y leche hay debajo de tu lengua; Y el olor de tus vestidos
como el olor del Líbano.

—CANTARES 4:11

Yo vine a mi huerto, oh hermana, esposa mía; He reco-
gido mi mirra y mis aromas; He comido mi panal y mi
miel, mi vino y mi leche he bebido. Comed, amigos;
bebed en abundancia, oh amados.

—CANTARES 5:1

La miel y la belleza

La leche es también una imagen de belleza. Dios quiere reve-
larle su belleza a usted. Él quiere mostrarle cuán hermosos
son sus planes, cuán bello es su reino, y cuán hermosa es su
Palabra. Dios quiere liberar belleza en su vida. Él quiere hacer
cosas por usted que liberan belleza. Él quiere llevarlo a bendiciones mayores.

Sus ojos, como palomas junto a los arroyos de las aguas,
que se lavan con leche, y a la perfección colocados.

—CANTARES 5:12

La leche, el vino, la bendición y la prosperidad

La leche y el vino son imágenes de la bendición y la prosperidad. Uno no puede pensar en la buena tierra sin pensar en las
bendiciones y la prosperidad.

Sus ojos, rojos del vino, y sus dientes blancos de la leche.

—GÉNESIS 49:12

Las viñas producen vino, y el vino es otra imagen del Espíritu Santo. Dios prometió buen vino. El vino nuevo, la leche y
el agua son imágenes de la vida en el reino. La vida en el reino
es próspera.

> Sucederá en aquel tiempo, que los montes destilarán mosto, y los collados fluirán leche, y por todos los arroyos de Judá correrán aguas; y saldrá una fuente de la casa de Jehová, y regará el valle de Sitim.
>
> —Joel 3:18

Las montañas destilan vino dulce y de las colinas fluye leche en la buena tierra.

> He aquí vienen días, dice Jehová, en que el que ara alcanzará al segador, y el pisador de las uvas al que lleve la simiente; y los montes destilarán mosto, y todos los collados se derretirán.
>
> —Amós 9:13

Miel y mantequilla

La buena tierra tiene miel y mantequilla. La mantequilla proviene de la abundancia de leche.

> Y a causa de la abundancia de leche que darán, comerá mantequilla; ciertamente mantequilla y miel comerá el que quede en medio de la tierra.
>
> —Isaías 7:22

> No verá los arroyos, los ríos, los torrentes de miel y de leche.
>
> —Job 20:17

> Mantequilla de vacas y leche de ovejas, con grosura de corderos, y carneros de Basán; también machos cabríos, con lo mejor del trigo; Y de la sangre de la uva bebiste vino.
>
> —Deuteronomio 32:14

La mantequilla es riqueza, y otra imagen de la abundancia y la prosperidad.

Cuando lavaba yo mis pasos con leche, y la piedra me
derramaba ríos de aceite.

—Job 29:6

La mantequilla y la miel son imágenes de los dones vitales
de discernimiento y sabiduría. ¡Estos dos dones pueden salvarle
la vida! La sabiduría de Dios lo protegerá, lo guiará y lo esta-
blecerá. El discernimiento le revelará errores y defectos, lo que
le ayudará a evitar calamidades.

Comerá mantequilla y miel, hasta que sepa desechar lo
malo y escoger lo bueno.

—Isaías 7:15

Abejas

La buena tierra es una tierra de abejas. Las abejas viven en
huertos y jardines, producen miel y polinizan. Las plantas y las
flores crecen gracias a la polinización. La buena tierra es verde.
Es el huerto del Señor. Es una tierra de árboles verdes. El verde
también representa prosperidad y abundancia.

Jane Birch asegura lo siguiente:

La frase "leche y miel" es un modismo. Según el
diccionario Oxford en inglés, significa "prosperidad y
abundancia; vegetales suculentos; abundancia, comodidad". La leche y la miel, (al igual que el maíz y el
vino) son símbolos de fertilidad y aparecen en la mayo-
ría de los escritos antiguos. Las abejas son vitales para
la producción de las plantas. Incluso en la actualidad,
cerca de un tercio del suministro de alimentos para
humanos depende de la polinización por insectos, y las
abejas son las polinizadoras principales. Una tierra que
fluye leche y miel es una tierra donde las abejas están
haciendo su función, propiciando que las plantas crez-
can a fin de que la leche pueda fluir de los animales
para la alimentación de sus crías. Cuando los espías que

Moisés envió para explorar la Tierra Prometida querían mostrar evidencia de que la leche fluía leche y miel, ellos llevaron racimos de uvas, granadas e higos (Números 13:23-27).[2]

Las abejas hacen que la tierra germine y florezca. La buena tierra se asemeja al Edén, el huerto del Señor.

> Ciertamente consolará Jehová a Sion; consolará todas sus soledades, y cambiará su desierto en paraíso, y su soledad en el huerto de Jehová; se hallará en ella alegría y gozo, alabanza y voces de canto.
>
> —Isaías 51:3

> Y hablaron a toda la congregación de los hijos de Israel, diciendo: La tierra por donde pasamos para reconocerla, es tierra en gran manera buena.
>
> —Números 14:7

La tierra no solo es buena, sino "en gran manera buena".

Dios quiere llevarlo a la tierra que fluye leche y miel, donde usted experimentará una corriente de abundancia dulce, crecimiento y prosperidad.

Capítulo 7

UNA TIERRA DE AGUA, PLENITUD, SATISFACCIÓN, PROSPERIDAD Y ABUNDANCIA

L A BUENA TIERRA es una tierra de agua, lluvia, fuentes, manantiales, satisfacción y plenitud. El agua representa refrescamiento y bendición. El agua representa al Espíritu Santo. La buena tierra es una tierra que trae satisfacción. Uno puede comer y saciarse. La buena tierra es una tierra de abundancia. No hay escasez en la buena tierra. En el Señor tenemos un pozo de agua que brota vida eterna. Y en la buena tierra necesitamos ser renovados en nuestras asignaciones, llamados y vidas.

Manantiales de agua

> No tendrán hambre ni sed, ni el calor ni el sol los afligirá; porque el que tiene de ellos misericordia los guiará, y los conducirá a manantiales de agua.
>
> —ISAÍAS 49:10

Caleb le dio a su hija manantiales en la buena tierra.

> Y aconteció que cuando la llevaba, él la persuadió que pidiese a su padre tierras para labrar. Ella entonces se bajó del asno. Y Caleb le dijo: ¿Qué tienes? Y ella respondió: Concédeme un don; puesto que me has dado tierra del Neguev, dame también fuentes de

aguas. El entonces le dio las fuentes de arriba, y las de abajo.

—Josué 15:18-19

Tenemos un pozo de agua brotando vida eterna. ¡Nunca tendremos que estar secos y polvorientos! Tenemos ríos de agua viva en nuestro interior. No solamente somos refrescados, sino que además llevamos un refrescamiento que puede bendecir grandemente a los demás. Los cristianos debemos vivir de los ríos internos.

Mas el que bebiere del agua que yo le daré, no tendrá sed jamás; sino que el agua que yo le daré será en él una fuente de agua que salte para vida eterna.

—Juan 4:14

Los manantiales de agua viva fluyen de nuestro ser interior.

El que cree en mí, como dice la Escritura, de su interior correrán ríos de agua viva.

—Juan 7:38

Porque Jehová tu Dios te introduce en la buena tierra, tierra de arroyos, de aguas, de fuentes y de manantiales, que brotan en vegas y montes.

—Deuteronomio 8:7

El río de Dios

El río de Dios, un río de vida, fluye en la buena tierra.

Visitas la tierra, y la riegas; En gran manera la enriqueces; Con el río de Dios, lleno de aguas, preparas el grano de ellos, cuando así la dispones.

—Salmo 65:9

Se visten de manadas los llanos, y los valles se cubren de grano; Dan voces de júbilo, y aun cantan.

—Salmo 65:13

El rocío del monte Hermón

La buena tierra tiene una montaña importante llamada monte Hermón, la cual es otra imagen de bendición y prosperidad.

> Permíteme, te suplico, cruzar y ver la buena tierra que está al otro lado del Jordán, aquella buena región montañosa [con Hermón] y el Líbano.
> —Deuteronomio 3:25, LBLA, corchetes añadidos

El monte Hermón es un lugar de rocío. El rocío es humedad. La buena tierra es tierra húmeda.

> Como el rocío de Hermón, que desciende sobre los montes de Sion; porque allí envía Jehová bendición, y vida eterna.
> —Salmo 133:3

Abundancia de lluvia

La buena tierra recibe lluvia abundante. La lluvia cae del cielo, tanto en el ámbito natural como en el espiritual, es una señal de bendición. El Señor puede venir a nosotros como la lluvia. La lluvia —aguaceros de bendición, crecimiento y agua para nuestra semilla— nos hace crecer, y nos hace que podamos dar en préstamo y no pedir prestado. La lluvia del cielo riega la semilla y lleva vida a las áreas de nuestra vida que aún están germinando.

> Yo daré la lluvia de vuestra tierra a su tiempo, la temprana y la tardía; y recogerás tu grano, tu vino y tu aceite.
> —Deuteronomio 11:14

La lluvia hace que recojamos maíz, vino y aceite: nuestra cosecha. El Señor viene a nosotros como la lluvia.

Y conoceremos, y proseguiremos en conocer a Jehová;
como el alba está dispuesta su salida, y vendrá a nosotros como la lluvia, como la lluvia tardía y temprana a
la tierra.

—Oseas 6:3

El Señor descenderá sobre nosotros como la lluvia en buena
tierra. La lluvia trae avivamiento y restauración.

Descenderá como la lluvia sobre la hierba cortada;
Como el rocío que destila sobre la tierra.

—Salmo 72:6

El Señor da abundante lluvia en la buena tierra. Esta lluvia
nos afirma y fortalece. La lluvia también representa el favor del
Rey. La buena tierra es una tierra de favor.

Abundante lluvia esparciste, oh Dios; A tu heredad
exhausta tú la reanimaste.

—Salmo 68:9

En la alegría del rostro del rey está la vida, y su benevo-
lencia es como nube de lluvia tardía.

—Proverbios 16:15

Y comerás y te saciarás, y bendecirás a Jehová tu Dios
por la buena tierra que te habrá dado.

—Deuteronomio 8:10

Satisfacción y abundancia

La buena tierra es una tierra que trae satisfacción; uno puede
comer y saciarse. La buena tierra también es una tierra de
abundancia; no hay carencia en la buena tierra.

Una tierra de trigo y cebada, de viñas, higueras y granados; una tierra de aceite de oliva y miel.

—Deuteronomio 8:8, lbla

En la casa del Señor hay grosura que nos satisface. Debemos recibir lo mejor en la casa del Señor.

> Serán completamente saciados de la grosura de tu casa,
> y tú los abrevarás del torrente de tus delicias.
> —Salmo 36:8

Experimentamos el gozo del Señor cuando comemos la grosura.

> Luego les dijo: Id, comed grosuras, y bebed vino dulce,
> y enviad porciones a los que no tienen nada preparado;
> porque día santo es a nuestro Señor; no os entristezcáis,
> porque el gozo de Jehová es vuestra fuerza.
> —Nehemías 8:10

La bendición trae grosura (lo que significa esencialmente lo mejor). Dios lo bendecirá con lo mejor de la buena tierra.

> Entonces Isaac su padre habló y le dijo: He aquí, será
> tu habitación en grosuras de la tierra, y del rocío de los
> cielos de arriba.
> —Génesis 27:39

La buena tierra es una tierra de maíz y vino. Tenemos maíz, vino y aceite en abundancia en la buena tierra. Estamos satisfechos.

> Dios, pues, te dé del rocío del cielo, y de las grosuras de
> la tierra, y abundancia de trigo y de mosto.
> —Génesis 27:28

> Responderá Jehová, y dirá a su pueblo: He aquí yo os
> envío pan, mosto y aceite, y seréis saciados de ellos; y
> nunca más os pondré en oprobio entre las naciones.
> —Joel 2:19

Grosura y prosperidad

> Aun en la vejez fructificarán. Estarán llenos de savia y frondosos.
>
> —Salmo 92:14, rva-2015

En Salmo 92:12-14, se describe a los justos como estando "plantados en la casa del Señor", y se dice que "crecen como el cedro" y "florecerán como la palmera". Ellos continuarán fructificando aún en la vejez. Estarán "llenos de savia y frondosos". La frase *"llenos de savia y frondosos"* se halla en la versión Reina Valera Actualizada 2015; sin embargo, en diferentes versiones en español se traduce usando una variedad de palabras, incluyendo: "estarán vigorosos y muy verdes" (lbla); "llenos de vida y verdor" (nbv); "verdes y llenos de vitalidad" (ntv); "vigorosos y lozanos" (nvi); "árboles jóvenes y fuertes" (pdt); "sanos y fuertes" (tla).

La profecía de Isaías, en el capítulo 25, muestra que la grosura es una imagen del reino. En el versículo 6 dice: "Y el Señor de los ejércitos hará en este monte a todos los pueblos convite de engordados, convite de vinos purificados, de gruesos tuétanos, de purificados líquidos". Aquí hallamos que la grosura es una imagen de abundancia, unción, riqueza, crecimiento e incremento. Es decir, uno puede emerger repentinamente a la abundancia a través de la grosura.

La grosura es una imagen de satisfacción. Dios nos satisface con la grosura. Existen muchos versículos en la Biblia que hablan de la grosura como una imagen de crecimiento y prosperidad. Incluyo algunos de ellos:

> Serán completamente saciados de la grosura de tu casa,
> y tú los abrevarás del torrente de tus delicias —Salmo 36:8

Como de meollo y de grosura será saciada mi alma, y con labios de júbilo te alabará mi boca.

—Salmo 63:5

Tú coronas el año con tus bienes, y tus nubes destilan grosura.

—Salmo 65:11

Y el alma del sacerdote embriagaré de grosura, y será mi pueblo saciado de mi bien, dijo el Señor.

—Jeremías 31:14, jbs

Productividad y abundancia

Dulzura y amor

La buena tierra es una tierra de granadas e higos. Las granadas representan productividad, dulzura, abundancia, belleza y amor.

Y llegaron hasta el arroyo de Escol, y de allí cortaron un sarmiento con un racimo de uvas, el cual trajeron dos en un palo, y de las granadas y de los higos.

—Números 13:23

Tus renuevos son paraíso de granados, con frutos suaves, de flores de alheña y nardos.

—Cantares 4:13

Al huerto de los nogales descendí a ver los frutos del valle, y para ver si brotaban las vides, si florecían los granados.

—Cantares 6:11

Levantémonos de mañana a las viñas; Veamos si brotan las vides, si están en cierne, si han florecido los granados; Allí te daré mis amores.

—Cantares 7:12

La buena tierra es una tierra de higueras. Los higos son otro símbolo de dulzura y amor. La higuera también representa productividad y abundancia. Jesús maldijo a la higuera porque solo tenía hojas, pero no fruto. (Vea Marcos 11:12-25).

> La higuera ha echado sus higos, y las vides en cierne dieron olor; Levántate, oh amiga mía, hermosa mía, y ven.
> —CANTARES 2:13

La prosperidad y lo mejor

Recuerde que la palabra *mejor* significa "grosura" o "grasa". Existen varios versículos que mencionan la grosura. Esta es una imagen de prosperidad y de lo mejor. Su alma puede estar satisfecha con el tuétano y la grosura.

> Como de médula y de grosura será saciada mi alma, y con labios de júbilo te alabará mi boca.
> —SALMO 63:5, RVR1995

Hay grosura y médula (lo mejor) en el reino (la montaña del Señor).

> Y el Señor de los ejércitos hará en este monte a todos los pueblos convite de engordados, convite de vinos purificados, de gruesos tuétanos, de purificados líquidos.
> —ISAÍAS 25:6, JBS

Podemos disfrutar un banquete de los más suculentos del reino.

> Aun en la vejez fructificarán; estarán vigorosos y verdes.
> —SALMO 92:14

La tierra de Canaán producía los mejores productos agrícolas.

> Con los más escogidos frutos del sol, con el rico producto de la luna.
> —DEUTERONOMIO 33:14

Con el fruto más fino de los montes antiguos, con la abundancia de los collados eternos.

—Deuteronomio 33:15

Todo lo mejor del aceite nuevo [fresco] y todo lo mejor del mosto y del cereal, las primicias que presenten al Señor, te las daré a ti.

—Números 18:12, lbla, corchetes añadidos

Y el alma del sacerdote satisfaré con abundancia, y mi pueblo será saciado de mi bien, dice Jehová.

—Jeremías 31:14

Capítulo 8

UNA TIERRA DONDE LA UNCIÓN FLUYE COMO EL ACEITE

L A BUENA TIERRA es una tierra rica en el aceite del olivo. El aceite de oliva representa grosura y la unción. La unción es poderosa y preciada. Cuando la unción está presente y funcionando, uno pude hacer cosas que normalmente no haría. Con la unción del Espíritu Santo —la cual es representada en la Escritura por el aceite, que es cien por ciento grosura— usted es facultado y fortalecido.

> Tendrás olivos en todo tu territorio, mas no te ungirás con el aceite, porque tu aceituna se caerá.
> —DEUTERONOMIO 28:40

> Y casas llenas de todo bien, que tú no llenaste, y cisternas cavadas que tú no cavaste, viñas y olivares que no plantaste, y luego que comas y te sacies.
> —DEUTERONOMIO 6:11

Los yugos se rompen a causa de la grosura (la unción). Uno no puede disfrutar lo mejor cuando está atado. La unción rompe los yugos y lo saca de lo peor para llevarlo a lo mejor. Necesitamos predicación, enseñanza y alabanza ungida para ayudarnos a saber cómo dirigirnos a la buena tierra.

> Y sucederá en aquel día que la carga de Asiria será
> quitada de tus hombros y su yugo de tu cerviz, y el
> yugo será quebrado a causa de la grosura.
>
> —ISAÍAS 10:27, LBLA

Otra traducción de este versículo dice: "y a causa de la gordura se romperá el yugo que llevas en el cuello", (NVI). En otras palabras, uno crece y revienta sus ataduras. Recuerde: "*lo mejor*" en hebreo significa "grosura" o "gordura". Ungir significa "embadurnar con aceite o engrasar". La unción, como la conocemos, también representa el poder del Espíritu Santo. La unción de Dios abrirá el camino para que ande en él y tenga lo mejor. La unción hará que usted engorde y reviente sus ataduras.

¡Libre por rompimiento!

> En aquel día, dice Jehová de los ejércitos, yo quebraré su
> yugo de tu cuello, y romperé tus coyundas, y extranje-
> ros no lo volverán más a poner en servidumbre.
>
> —JEREMÍAS 30:8

Rompa sus ataduras y experimente lo mejor. Salga del fracaso y la frustración. No permita que la gente ni la mala doctrina lo mantengan en la mediocridad y el promedio. Emerja a lo mejor.

Al ver nuevamente Isaías 10:27, la versión Nueva Biblia Latinoamericana de Hoy dice "la carga de Asiria será quitada y su yugo de tu cuello [el cuello de Israel], el yugo se romperá "a causa de la gordura". Esto me cayó por sorpresa cuando leí esta traducción. Toda mi vida como pentecostal escuché que el yugo era destruido a causa de la unción. Nunca escuché una prédica de que era "a causa de la gordura". ¿Qué significa esto?

Empecé a buscar otras traducciones de este versículo y me maravillé. A continuación algunas de las traducciones que encontré:

En aquel día esa carga se te quitará de los hombros, y
a causa de la gordura se romperá el yugo que llevas en
el cuello.
—Isaías 10:27, nvi, énfasis añadido

Cuando llegue ese día, la carga de Asiria será quitada
de tu hombro; de tu cerviz se quitará su yugo, y éste se
pudrirá *por tu robustez.*
—Isaías 10:27, rvc, énfasis añadido

Aquel día caerá su carga de tu hombro, será arrancado
su yugo de tu cuello; el yugo será *destruido por tu
prosperidad.*
—Isaías 10:27, cjb, énfasis añadido,
(versión disponible solo en inglés)

Ese día se te quitará la carga que llevas en los hombros,
y el yugo que te pusieron en el cuello será destruido. El
yugo se romperá *porque has engordado.*
—Isaías 10:27, GW, énfasis añadido,
(versión disponible solo en inglés)

Luego, encontré un artículo por el escritor y animador de
un show de radio, Dr. Michael L. Brown, donde él afirma lo
siguiente:

La Nueva Versión Internacional lo expresa muy bien: "En
aquel día esa carga se te quitará de los hombros, y a causa
de la gordura se romperá el yugo que llevas en el cuello".
¿Capta la imagen? Aquí hay un buey con un yugo en su
cuello, esclavizado a la voluntad de su amo, forzado a una
vida de servidumbre. Sin embargo, con el tiempo, este se
vuelve tan saludable y gordo que el yugo simplemente se
quiebra y cae de su cuello. ¡El buey es ahora libre![1]

Esta es la libertad que Cristo compró para nosotros. Los
yugos representan ataduras y esclavitud. Nos impiden mover-
nos libremente y nos obligan a servir al amo, al igual que los

bueyes unidos en un yugo para arar los campos. El yugo se puso sobre los cuellos de los bueyes. Este los obligaba a trabajar duro. El yugo de Jesús es fácil (Mateo 11:30). El yugo del enemigo es duro. Israel llegó a estar bajo el yugo de los asirios, e Isaías profetizó su liberación.

> Como consecuencia del rechazo de Israel a Dios, Isaías profetizó que el Señor levantaría a los asirios para que los oprimieran. Sin embargo, Dios, en su misericordia, reveló que llegaría el día cuando el remanente fiel se libertaría de los asirios. Isaías declaró que el yugo de la opresión se rompería de su cuello por la unción. Las traducciones en español de este versículo usan la frase, "aceite de la unción". Es de esta idea que se deriva la frase: "el yugo se pudrirá a causa de la unción". Sin embargo, Isaías no usó la palabra hebrea para unción. "Mashach". Él usó la palabra "Shamen", que significa, "gordura". En esencia, Isaías estaba declarando que su liberación del yugo de opresión vendría a medida que aumentaran su gordura. La metáfora es la de un buey joven que tiene un yugo alrededor de su cuello. En la medida que aumenta su gordura y salud, él se expande. Cuando el buey continúa expandiéndose, rompe el yugo que ya no le queda en su cuello".[2]

En otras palabras, uno puede llegar a estar tan gordo que ningún yugo puede ser colocado sobre sus hombros. Usted puede superar su atadura. La unción traerá prosperidad, y la prosperidad destruirá el yugo.

Basándonos en su punto en la cita anterior, Brad Sullivan continúa diciendo que "este conocimiento provee un entendimiento de cómo la unción rompe el yugo. La unción del Espíritu Santo hace que aumentemos la gordura y que crezcamos. En la medida que llega la expansión, esta provoca que nosotros rompamos el yugo que antes nos limitaba".[3]

El pastor Harold Miller Jr. dice esto:

> Ahora bien, cuando vi este texto en algunas de las
> versiones en español, que no eran las RVR1960/RVA
> (Reina Valera Revisada 1960 / Reina Valera Antigua),
> descubrí que donde las versiones RVR1960/RVA usan
> el término "unción", otras versiones en español usan el
> término "grosura" o algún derivativo de este, tal como
> "gordura". Cuando vi el texto en el hebreo y llevé a cabo
> una corta investigación léxica, también descubrí que la
> palabra que las RVR1960/RVA traducen como "unción"
> es la palabra hebrea "shemen", o "semén". Según el
> TWOT (*Theological Wordbook of the Old Testament*) el
> significado principal de esta palabra hebrea es "grosura"
> y "aceite". Se usa para comunicar la idea de prosperi-
> dad y bienestar. La idea en Isaías 10:27 es que el yugo
> asirio sería roto o destruido porque, al igual que los
> bueyes que han incrementado en gordura, el yugo se
> rompería y sería destruido cuando el cuello de Israel se
> volviera demasiado largo para que este lo pudiera conte-
> ner. También es interesante notar que, de todas las veces
> en que aparece esta palabra en el texto hebreo (¡casi 200
> veces!), esta es la única vez que las versiones RVR1960/
> RVA la traducen como "unción". Todas las otras veces
> es traducida como grasa, grosura, riqueza o fértil. E
> incluso, donde la idea de la unción está claramente
> presente, shemen o semén se traduce como "aceite" y
> siempre se halla combinada con la palabra hebrea
> "mashach", que significa untar o ungir".[4]

A continuación un punto interesante de la Dra. Michelle
Corral sobre bueyes:

> En la época de la Biblia, cuando un granjero compraba
> una yunta de bueyes, si él elegía bueyes de cuello
> delgado significa que esos bueyes se volteaban y se nega-
> ban a jalar el arado. Si escogía bueyes con cuellos gordos

y flácidos, significaba que los bueyes nunca se resistían, pero que volteaban a donde los llevara el arado. Con el tiempo, el cuello de los bueyes que nunca se resistían al arado se volverían tan gordos con la grosura (como aceite) en el cuello que el yugo se reventaría".[5]

Dios reventará sus ataduras. Él hará que usted crezca y se libere.

> Porque ahora quebraré su yugo de sobre ti, y romperé tus coyundas.
>
> —Nahum 1:13

Reventarse significa "abrirse o separarse repentina y violentamente, en especial como resultado de un impacto o presión interna".[6]

Usted empieza a experimentar lo mejor de Dios cuando se hace gordo y sano espiritualmente. No puede estar espiritualmente enfermo y esperar tener lo mejor. Puede superar lo peor de su pasado. Puede superar sus limitaciones y fracasos.

Capítulo 9

UNA TIERRA QUE DESBORDA BONDAD, CRECIMIENTO Y EXCELENCIA

LA BUENA TIERRA es la tierra de la bondad abundante de Dios. Hay bondad y misericordia en la buena tierra. La buena tierra es el lugar donde podemos creerle a Dios por su bondad. Es la tierra de los vivientes. Veremos escrituras que nos muestran cómo la bondad de Dios está conectada a la gordura, que es lo que hemos descubierto como otra imagen de prosperidad y abundancia. En la buena tierra la bondad de Dios nos satisface. Crecemos y florecemos en la excelencia de la buena tierra.

La buena tierra es una tierra de la bondad y la misericordia abundantes de Dios.

> Y pasando Jehová por delante de él, proclamó: ¡Jehová! ¡Jehová! Fuerte, misericordioso y piadoso; tardo para la ira, y grande en misericordia y verdad.
>
> —ÉXODO 34:6

> Ciertamente el bien y la misericordia me seguirán todos los días de mi vida, y en la casa de Jehová moraré por largos días.
>
> —SALMO 23:6

Podemos creerle a Dios por su bondad en la buena tierra. La bondad es maravillosa.

Hubiera yo desmayado, si no creyese que veré la bondad de Jehová en la tierra de los vivientes.

—Salmo 27:13

¡Cuán grande es tu bondad, que has guardado para los que te temen, que has mostrado a los que esperan en ti, delante de los hijos de los hombres!

—Salmo 31:19

El ama justicia y juicio; de la misericordia de Jehová está llena la tierra.

—Salmo 33:5

Bienaventurado el que tú escogieres y atrajeres a ti, para que habite en tus atrios; Seremos saciados del bien de tu casa, de tu santo templo.

—Salmo 65:4

La buena tierra es la tierra de la alabanza. Alabamos al Señor por su bondad y sus obras maravillosas.

Alaben la misericordia de Jehová, y sus maravillas para con los hijos de los hombres.

—Salmo 107:8

Misericordia mía y mi castillo, fortaleza mía y mi libertador, escudo mío, en quien he confiado; El que sujeta a mi pueblo debajo de mí.

—Salmo 144:2

Proclamarán la memoria de tu inmensa bondad, y cantarán tu justicia.

—Salmo 145:7

La bondad es prosperidad. Tal como ya descubrimos, la buena tierra es una tierra de prosperidad.

Y me será a mí por nombre de gozo, de alabanza y de gloria, entre todas las naciones de la tierra, que habrán oído todo el bien que yo les hago; y temerán y temblarán de todo el bien y de toda la paz que yo les haré.

—Jeremías 33:9

Porque ¡cuánta es su bondad, y cuánta su hermosura! El trigo alegrará a los jóvenes, y el vino a las doncellas.

—Zacarías 9:17

La bondad de Dios está ligada a la gordura. La gordura es otra imagen de prosperidad y abundancia.

Tú coronas el año con tus bienes, y tus nubes destilan grosura.

—Salmo 65:11

La excelencia del Líbano

La buena tierra es un lugar de florecimiento y desarrollo. La buena tierra incluye Líbano, un lugar de bosques y árboles. Los árboles del Líbano representan excelencia. Nos desarrollamos como los cedros del Líbano en la buena tierra. La buena tierra es un lugar de excelencia.

Todo lugar que pisare la planta de vuestro pie será vuestro; desde el desierto hasta el Líbano, desde el río Éufrates hasta el mar occidental será vuestro territorio.

—Deuteronomio 11:24

Toda la vajilla del rey Salomón era de oro, y toda la vajilla de la casa del bosque del Líbano, de oro puro. En los días de Salomón la plata no era apreciada.

—2 Crónicas 9:20

El justo florecerá como la palmera; crecerá como cedro en el Líbano.

—Salmo 92:12

Los árboles del Líbano están llenos de savia, y la savia es humedad.

Se llenan de savia los árboles de Jehová, los cedros del Líbano que él plantó.

Salmo 104:16

Los árboles del Líbano reciben buen riego. Líbano es conocido por sus cedros. La madera del Líbano es buena.

El rey Salomón se hizo una carroza de madera del Líbano.

—Cantares 3:9

El Líbano se menciona en cinco escrituras en el Cantar de los Cantares. El Líbano es un lugar de gran belleza. La buena tierra está llena de la belleza del Señor.

Ven conmigo desde el Líbano, oh esposa mía; Ven conmigo desde el Líbano. Mira desde la cumbre de Amana, desde la cumbre de Senir y de Hermón, desde las guaridas de los leones, desde los montes de los leopardos.

—Cantares 4:8

Como panal de miel destilan tus labios, oh esposa; Miel y leche hay debajo de tu lengua; Y el olor de tus vestidos como el olor del Líbano.

—Cantares 4:11

Los arroyos fluyen de las montañas del Líbano. La buena tierra es una tierra llena de arroyos y ríos.

Fuente de huertos, pozo de aguas vivas, que corren del Líbano.

—Cantares 4:15

El Líbano representa excelencia. La buena tierra es un lugar de excelencia.

Sus piernas, como columnas de mármol fundadas sobre
basas de oro fino; Su aspecto como el Líbano, escogido
como los cedros.

—Cantares 5:15

El Líbano es conocido por sus torres. El Señor es nuestra
torre y fortaleza.

Tu cuello, como torre de marfil; tus ojos, como los estan-
ques de Hesbón junto a la puerta de Bat-rabim; tu nariz,
como la torre del Líbano, que mira hacia Damasco.

—Cantares 7:4

El Líbano es una imagen de gloria. La buena tierra está
llena de la gloria del Señor.

Florecerá profusamente, y también se alegrará y cantará
con júbilo; la gloria del Líbano le será dada, la hermosura del Carmelo y de Sarón. Ellos verán la gloria de
Jehová, la hermosura del Dios nuestro.

—Isaías 35:2

La buena tierra tiene nieve. La nieve es una imagen de
pureza y limpieza. El Líbano es un lugar de montañas nevadas.

¿Faltará la nieve del Líbano de la piedra del campo?
¿Faltarán las aguas frías que corren de lejanas tierras?

—Jeremías 18:14

La nieve es una imagen de la palabra que viene del cielo.

Como son más altos los cielos que la tierra, así son mis
caminos más altos que vuestros caminos, y mis pensamientos más que vuestros pensamientos. Porque como
desciende de los cielos la lluvia y la nieve, y no vuelve
allá, sino que riega la tierra, y la hace germinar y produ-
cir, y da semilla al que siembra, y pan al que come, así
será mi palabra que sale de mi boca; no volverá a mí

vacía, sino que hará lo que yo quiero, y será prosperada en aquello para que la envié.

—Isaías 55:9-11

El Líbano es un lugar de árboles altos y de raíces profundas.

Yo seré a Israel como rocío; él florecerá como lirio, y extenderá sus raíces como el Líbano.

—Oseas 14:5

El Líbano representa belleza y un aroma dulce.

Se extenderán sus ramas, y será su gloria como la del olivo, y perfumará como el Líbano.

—Oseas 14:6

La buena tierra tiene buen aroma. No hay olores malos o desagradables en la buena tierra. El Líbano tiene buen vino. La buena tierra es una tierra del vino del Espíritu Santo.

Volverán y se sentarán bajo su sombra; serán vivificados como trigo, y florecerán como la vid; su olor será como de vino del Líbano.

—Oseas 14:7

Sion, la ciudad de Dios, está en la buena tierra. Es la Nueva Jerusalén. Es el templo de Dios, el santuario, la iglesia del Dios vivo.

Tú los introducirás y los plantarás en el monte de tu heredad, en el lugar de tu morada, que tú has preparado, oh Jehová, en el santuario que tus manos, oh Jehová, han afirmado. Jehová reinará eternamente y para siempre.

—Éxodo 15:17-18

Sion es la montaña de Dios. Llegamos a esta montaña en la buena tierra. Es el lugar del gobierno y del reino de Dios. Es la montaña de la bendición y la gloria.

Isaías nos dice que Sion también es el lugar donde Dios elije habitar. Es el lugar de su presencia.

> No harán mal ni dañarán en todo mi santo monte;
> porque la tierra será llena del conocimiento de Jehová,
> como las aguas cubren el mar.
>
> —Isaías 11:9

La buena tierra es el lugar de la presencia y la gloria de Dios. Es una tierra de paz y shalom.

Capítulo 10

UNA TIERRA DE
BANQUETE Y GOZO

La PAZ o shalom, la oración gozosa y el banquete son lo que uno espera experimentar cuando se traslada a la buena tierra. El banquete y el gozo suceden en la montaña santa de Dios. Es un banquete de médula y vino.

Hemos discutido cómo la grasa y la grosura se relacionan con la buena tierra en términos de prosperidad. En este caso, la vemos en conexión con el banquete y el gozo. En la buena tierra comemos la grosura y bebemos lo dulce. Nehemías le dijo a Israel que fuera y comiera la grosura (comida consistente).

> Luego les dijo: Id, comed grosuras, y bebed vino dulce, y enviad porciones a los que no tienen nada preparado; porque día santo es a nuestro Señor; no os entristezcáis, porque el gozo de Jehová es vuestra fuerza.
> —Nehemías 8:10

Aquellos que habitan en la buena tierra tienen el corazón feliz. Están llenos de gozo y alegría. Mantener un corazón contento le dará un banquete continuo (comer de la grosura).

> Todos los días del afligido son difíciles; Mas el de corazón contento tiene un banquete continuo.
> —Proverbios 15:15

Jesús contó la parábola del hijo pródigo. El hijo pidió su herencia anticipadamente y la desperdició en una vida desordenada. Cuando regresó a su casa, su padre mandó matar el ternero más gordo. (Vea Lucas 15:11-32). El hogar del padre era un tipo de la buena tierra, y era tiempo para celebrar. El padre estaba emocionado por el retorno de su hijo y preparó el mejor ternero para festejar con toda su casa.

> Y traed el becerro gordo y matadlo, y comamos y hagamos fiesta.
>
> —Lucas 15:23

La buena tierra es una tierra de banquete. Hay banquete y gozo en la montaña santa. Es un festín de tuétano y vino.

> Y Jehová de los ejércitos hará en este monte a todos los pueblos banquete de manjares suculentos, banquete de vinos refinados, de gruesos tuétanos y de vinos purificados.
>
> —Isaías 25:6

> Y el Señor de los ejércitos preparará en este monte [Sion] para todos los pueblos un banquete de manjares suculentos [simbolismo del reinado del Señor en la tierra, a raíz de un trasfondo de tristeza, juicio y terror], un banquete de vino añejo, pedazos escogidos con tuétano, y vino añejo refinado.
>
> —Isaías 25:6, LBLA, corchetes añadidos

Un lugar de gozo

La buena tierra no es solo un lugar de banquete, sino también un lugar de gozo, paz y justicia en el Espíritu Santo (Romanos 14:17). Es un lugar donde somos fortalecidos por el gozo del Señor (Nehemías 8:10). Es el lugar a donde llegamos cuando aceptamos a Cristo. Llegamos a la buena tierra, a la Sion celestial, la ciudad celestial. Nacemos de esa ciudad. Nacemos de lo alto.

La buena tierra es un lugar de adoración y de la gloria y la montaña de Dios Es un lugar de la presencia de Dios. Es un lugar alto. Es un lugar de celebración y vida en el

Espíritu, donde nuestras expectativas son excedidas y donde encontramos gozo y satisfacción, favor, bendición, aceptación y amor.

Es vivir llenos del Espíritu. Es un lugar donde somos libres para disfrutar a Dios y su presencia. Es disfrutar la vida en su ciudad, en su tierra: el lugar del cual todos nuestros enemigos han sido expulsados.

Es un lugar de oración gozosa.

> Y Jehová de los ejércitos hará en este monte a todos los pueblos banquete de manjares suculentos, banquete de vinos refinados, de gruesos tuétanos y de vinos purificados.
>
> —ISAÍAS 56:7

La oración está llena de gozo en la buena tierra porque sabemos que en la medida en que oremos en fe, tenemos lo que pedimos de Dios. No pedimos equivocadamente. Nuestras oraciones tienen dirección y están alineadas al corazón del Rey.

Capítulo 11

UNA TIERRA DE REPOSO

FINALMENTE, LA BUENA tierra es una tierra de reposo. Disfrutamos descansar de nuestros enemigos en la buena tierra. Habitamos seguros en la buena tierra. Israel no entró al reposo de Dios debido a su incredulidad, pero nosotros podemos entrar en él por medio de la fe en Cristo; la misma fe que necesitamos para entrar a la buena tierra, donde se puede disfrutar el verdadero reposo.

Como descubrimos en la parte I de este libro, la buena tierra es para quienes están dispuestos y son obedientes. Isaías 1:19 dice: "Si quisiereis y oyereis, comeréis el bien de la tierra". En la medida en que obedecemos a Dios y lo seguimos a la tierra que Él nos muestra, Él nos llevará a un lugar de reposo. Este reposo viene una vez que hemos atravesado el desierto, lo cual es un tipo de liberación, y al despejar la tierra de los enemigos espirituales cuando llegamos. Entonces podemos disfrutar del reposo y habitar a salvo.

> Mas pasaréis el Jordán, y habitaréis en la tierra que Jehová vuestro Dios os hace heredar; y él os dará reposo de todos vuestros enemigos alrededor, y habitaréis seguros.
> —DEUTERONOMIO 12:10

Y otra vez aquí: No entrarán en mi reposo.
> —HEBREOS 4:5

> Porque el que ha entrado en su reposo, también ha
> reposado de sus obras, como Dios de las suyas. Procu-
> remos, pues, entrar en aquel reposo, para que ninguno
> caiga en semejante ejemplo de desobediencia.
> —HEBREOS 4:10-11

Descansamos en la obra terminada del Señor. Reposamos en su amor. No hay lucha, no hay ansiedad ni temor en la buena tierra.

> Venid a mí todos los que estáis trabajados y cargados, y
> yo os haré descansar.
> —MATEO 11:28

Podemos descansar en la buena tierra porque obedecemos a Dios y guardamos sus mandamientos. Él nos permitirá comer lo bueno o lo mejor cuando estemos dispuestos y seamos obedientes. Isaías 1:19 de la versión La Biblia de las Américas dice: "Si queréis y obedecéis, comeréis lo mejor de la tierra". La Nueva Biblia Viva dice: "Si me dejan ayudarlos, que me puedan obedecer, yo los enriqueceré".

Voluntad y obediencia son clave para disfrutar lo mejor. ¿Está dispuesto a hacer la voluntad de Dios? Si su respuesta es sí, entonces está en posición para recibir lo mejor de Dios.

Dios le dio a su pueblo la mejor tierra. Números 14:7 nos dice que "Hablaron a toda la congregación de los hijos de Israel, diciendo: La tierra por donde pasamos para recono-cerla, es tierra en gran manera buena". La Nueva Traducción Viviente del mismo versículo dice que la tierra que Dios le dio a Israel es "maravillosa".

Las bendiciones más selectas

Dios elige la herencia para nosotros. Él nos da lo mejor. Él nos da sus bendiciones más selectas. Salmo 47:4 dice: "Él nos elegirá nuestras heredades; la hermosura de Jacob, al cual amó.

Selah". La Nueva Traducción viviente dice que Dios "Escogió la Tierra Prometida como nuestra herencia y posesión, el orgullo de los descendientes de Jacob, a quienes ama".

> Las cuerdas me cayeron en lugares agradables; En verdad es hermosa la herencia que me ha tocado.
>
> —SALMO 16:6, NBLH

> Dirige a los humildes en la justicia, y enseña a los humildes su camino.
>
> —SALMO 25:9, NBLH

Hay muchos caminos que una persona puede escoger. Es importante escoger y andar en el mejor camino, el cual Dios le mostrará en la medida en que usted lo busque a Él.

> El Señor dice: «Te guiaré por el mejor sendero para tu vida; te aconsejaré y velaré por ti.
>
> —SALMO 32:8, NTV

Los caminos de Dios dejan caer grosura. La grosura es abundancia, prosperidad y riquezas. La grosura es una imagen de lo mejor.

> Tú coronas el año con tus bienes, y tus nubes destilan grosura.
>
> —SALMO 65:11

Los caminos de Dios llevan a lo mejor. Usted puede andar en un buen camino. La sabiduría lo guía al mejor camino para su vida.

> Entonces entenderás justicia, juicio y equidad, y todo buen camino.
>
> —PROVERBIOS 2:9

Delgadez y juicio

La grosura se compara a la delgadez en la Escritura. *Delgadez* significa "sobrio, liso, larguirucho, demacrado, deshuesado, flaco… delgado por falta de exceso de carne. *Magro* enfatiza la falta de grasa y de contornos curvos".[1]

> Y las vacas flacas y feas devoraron las primeras siete vacas gordas.
>
> —Génesis 41:20, lbla

Faraón tuvo un sueño de vacas flacas comiéndose a las vacas gordas. José interpretó el sueño que representaba siete años de hambruna después de siete años de prosperidad. La flaqueza o delgadez es una imagen de hambruna y escasez. La grosura es una imagen de la abundancia y la prosperidad. La flaqueza puede ser el resultado de la añoranza. *Añorar* significa "languidecer, marchitar, desperdiciar, como anhelando, debilitante; consumido".[2]

Dios le dio al pueblo carne en el desierto, pero envió delgadez a su alma. La flaqueza es lo opuesto de la grosura.

> Y él les dio lo que pidieron; Mas envió flaqueza en sus almas.
>
> —Salmo 106:15, rva

La flaqueza es una imagen de juicio.

> Por esto el Señor, Jehová de los ejércitos, enviará enflaquecimiento entre sus robustos, y debajo de su opulencia encenderá una hoguera como fuego de incendio.
>
> —Isaías 10:16, rvr 1977

> En aquel tiempo la gloria de Jacob se atenuará, y se enflaquecerá la grosura de su carne.
>
> —Isaías 17:4

Por tanto, así les dice Jehová el Señor: He aquí yo, yo juzgaré entre la oveja engordada y la oveja flaca.

—Ezequiel 34:20

Los huesos del hombre sobresalen (flaqueza) a causa del castigo de Dios.

También sobre su cama es castigado con dolor fuerte en todos sus huesos, su carne desfallece, de manera que no se ve, y sus huesos, que antes no se veían, aparecen.

—Job 33:19,21

David se humilló y arrepintió a través del ayuno. Su carne desfallecía por la falta de gordura. Esto es una imagen de tristeza y pena.

Mis rodillas están debilitadas a causa del ayuno, y mi carne desfallece por falta de gordura.

—Salmo 109:24

La delgadez viene a través de la hambruna. Repito, esto es una imagen de juicio. A lo largo del libro de Jeremías, el profeta lloró sobre la condición de Israel y su próximo juicio.

Oscuro más que la negrura es su aspecto; no los conocen por las calles; Su piel está pegada a sus huesos, seca como un palo.

—Lamentaciones 4:8

La grosura se asocia con una mesa. Nuestra mesa está bendecida cuando tiene grosura.

Asimismo te apartará de la boca de la angustia a lugar espacioso, libre de todo apuro, y te preparará mesa llena de grosura.

—Job 36:16

Dios prepara una mesa para nosotros en presencia de nuestros enemigos (Salmo 23:5). La sabiduría provee una mesa

(Proverbios 9:1-2). La raíz de *mesa* (*shulchan*) en hebreo es *shalach*, que significa "disparar, crecer, alcanzar, sembrar, untar, estirar".[3] Es una palabra hebrea común que también significa enviar.[4]

En el Nuevo Testamento, la palabra traducida "enviar" y "enviar adelante" es *apostello*, que es de donde obtenemos nuestra palabra *apóstol*.[5] Un apóstol es alguien que va delante, enviado para un propósito. En la iglesia del primer siglo, e incluso hasta el día de hoy, los apóstoles son aquellos que establecen iglesias y el orden en el que debe funcionar el presbiterio de la iglesia.

Los ministerios apostólicos proveen comida sustanciosa para ayudarlo a tener más "grosura". La unción apostólica le ayudará a reventar sus ataduras y a destruir yugos.

Otra palabra hebrea para *engordar* es *abas*, que significa "alimentar".[6] Dios ha prometido alimentarnos.

> Confía en Jehová, y haz el bien; Y habitarás en la tierra,
> y te apacentarás de la verdad.
>
> —Salmo 37:3

Dios nos alimenta de lo suculento (grosura) del trigo (Salmo 81:16). Los ancianos tienen la responsabilidad de "alimentar al rebaño de Dios" (1 Pedro 5:2).

> Salva a tu pueblo, y bendice a tu heredad; Y pastoréales
> y susténtales para siempre.
>
> —Salmo 28:9

Dios prepara una mesa para nosotros y nos alimenta de su mesa. Dios nos da abundancia, prosperidad y salud. Los yugos son destruidos por la grosura.

Mantequilla y miel

En el capítulo 6, yo introduje el concepto de miel y mantequilla como representaciones de la prosperidad. Aquí la mantequilla vuelve a aparecer en relación con la grosura. Job describe su prosperidad en términos de mantequilla.

> Cuando lavaba yo mis pasos con leche, y la piedra me derramaba ríos de aceite.
>
> —Job 29:6

La versión en inglés *Expanded Bible* dice: "Era como si mi camino [o pasos] estuviera cubierto de crema [o mantequilla] y las rocas derramaban aceite de oliva para mí [representando su prosperidad anterior]", (traducción libre, NdelT.).

Comer mantequilla y miel es otro símbolo de la grosura y la prosperidad.

> Y a causa de la abundancia de leche que darán, comerá mantequilla; ciertamente mantequilla y miel comerá el que quede en medio de la tierra.
>
> —Isaías 7:22

La mantequilla proviene de la abundancia de leche. La mantequilla es la crema o cuajada de la leche. A la mantequilla se le conoce por su intensidad y grasa. Tenga en cuenta que la mantequilla se menciona como una de las bendiciones de la tierra de la promesa. La mantequilla se menciona con la grosura y el jugo de las uvas.

> Mantequilla de vacas y leche de ovejas, con grosura de corderos, y carneros de Basán; también machos cabríos, con lo mejor del trigo; Y de la sangre de la uva bebiste vino.
>
> —Deuteronomio 32:14

La versión *The Message* (disponible solo en inglés) del Salmo 81:16 dice: "Te darás un banquete con mi pan recién horneado untado con mantequilla y miel pura". [Traducción libre, NdelT.]

Dios hizo crecer a su pueblo grandemente y los hizo más

fuertes que sus enemigos. Su enemigo no podrá mantenerlo esclavizado.

> Y multiplicó su pueblo en gran manera, y lo hizo más fuerte que sus enemigos.
>
> —Salmo 105:24

Huesos, médula y grosura

La grosura está conectada a la médula (Salmo 63:5). La médula está conectada a los huesos. Dios puede engordar nuestros huesos (Isaías 58:11). Los huesos sanos tienen médula sana, lo que a su vez produce sangre sana. La sangre sana es clave para un cuerpo sano y la buena salud. La sabiduría es salud a nuestro ombligo y la médula a nuestros huesos (Proverbios 3:8). Las buenas nuevas ponen grasa en los huesos (Proverbios 15:30). También podemos zafarnos de las ataduras de nuestro cuello. Recuerde que la unción (grasa) destruye el yugo. La unción le da un cuello grande.

> Sacúdete del polvo; levántate y siéntate, Jerusalén; suelta las ataduras de tu cuello, cautiva hija de Sion.
>
> —Isaías 52:2

Se dice que Sion es fuerte y libre. Usted es Sion. *Grosura* es otra palabra para prosperidad. Usted puede liberarse a través de la prosperidad.

> El alma generosa será prosperada; Y el que saciare, él también será saciado.
>
> —Proverbios 11:25

La Nueva Versión Internacional traduce este versículo: "el que es generoso prospera". Yo creo que dar le hará a usted "gordo" financieramente. Dar es una manera de romper el yugo de la pobreza y la escasez. La palabra hebrea *dashen* significa "ser gordo, engordar volverse grasoso, volverse próspero".[7]

Dashen es la palabra utilizada en Salmo 23:5 y se traduce "unción máxima". Esta es la definición expandida de *dashen*: "una raíz primitiva; ser gordo; transitoriamente, engordar (o considerarlo gordo); específicamente ungir; figurativamente, satisfacer; denominativamente (de *deshen*) remover (grasa) cenizas (de sacrificios); aceptar, ungir, quitar las cenizas, hacer grasa".[8]

¿Está disfrutando la buena tierra?

Le he presentado la revelación de la buena tierra. Ha pasado a través de las escrituras que muestran las características de la vida en la tierra que Dios ha elegido para usted. La pregunta es: ¿está disfrutando la buena tierra? Si ha recibido la salvación a través de la fe en Jesucristo, usted debería estar disfrutando su vida en el Espíritu de Dios. Si no, y se siente estancado en el desierto de la vida, podría ser el momento para que usted abandone el lugar donde está y, al igual que Abraham, se aventure hacia un lugar que Dios le mostrará. Quizá sea un grupo de amigos, un empleo, o una iglesia que ya no aporta para la nueva época en la que usted se está embarcando. Es mi oración que este libro esté abriéndole los ojos a las cosas que Dios podría estar tratando de decirle a su corazón sobre lo siguiente que hay para usted.

Si no es salvo, o si ha reincidido, la invitación a aceptar o volver a Cristo y entrar a la buena tierra siempre está abierta para usted. En Mateo 11:28-29, Jesús dice: "Venid a mí todos los que estáis trabajados y cargados, y yo os haré descansar. Llevad mi yugo sobre vosotros, y aprended de mí, que soy manso y humilde de corazón; y hallaréis descanso para vuestras almas". Descansar de sus enemigos, reposar de las preocupaciones e inquietudes de la vida y descansar de la preocupación de pensar que apenas se puede llegar al día siguiente puede ser para usted su victoria en la buena tierra. A diferencia del yugo del mundo, el yugo de Cristo es fácil. Él le hace crecer a usted tanto hasta que los yugos de la atadura ya no pueden retenerlo. Las palabras que los demás han dicho de usted: los que roban sueños, los negativos y la gente que simplemente no ve la grandeza en usted, serán apartados de su vida cuando entre en la buena tierra.

Cualquier posición espiritual en la que se encuentra, si no está disfrutando de la buena tierra, Dios lo está llamando a salir de ella. A Abraham se le dijo que abandonara su país, el lugar donde creció, y que fuera a un lugar que Dios le mostraría. Dios le reveló a Abraham que había algo más grande de lo que él había experimentado antes. Dios está diciendo: "Hay una ciudad que yo he construido, una ciudad con fundamento. Es Sion. Yo soy el constructor. Yo soy el hacedor. Voy a mostrarte algo más allá de la tierra natural o las posesiones que deseas. Es algo celestial y sobrenatural".

Le animo a orar y pronunciar las confesiones en la conclusión siguiente, a fin de que pueda empezar a edificar una fe como la de Abraham para vivir en esta tierra de la promesa del mismo modo que lo hizo él. Y así como Abraham estaba viendo por encima del lugar físico al que Dios lo había guiado, Dios quiere que usted vea que Él tiene algo más grande para usted. Él quiere que vea lo más grande; ese algo más grande es el cumplimiento de la buena tierra a través de Jesucristo.

Conclusión

CONFIÉSELO: LA BUENA TIERRA ES SU TIERRA

DIOS QUIERE QUE usted tenga lo mejor. Él ha establecido un lugar para usted llamado la buena tierra. Ya que ha aprendido acerca de este lugar y conoce lo que se necesita para habitar allí, le animo a empezar a apropiarse de él, por fe. Confiese las promesas que han sido dispuestas para usted y espere únicamente lo mejor. Prepárese para seguir a Dios a la nueva tierra. No permita que los Lots lo atrasen. Busque la buena tierra el lugar de paz, prosperidad, aumento, abundancia, belleza y descanse de todos sus enemigos.

Cuando estudié este tema, Dios me dio varias confesiones, oraciones, declaraciones que activan la fe y la expectativa. Las he colocado aquí, en la parte de la conclusión de este libro. Estas confesiones de la buena tierra le guiarán a someterse humildemente a la voluntad de Dios para su vida y al camino de bondad que Él ha preparado para usted.

Confesiones para la buena tierra

Estoy dispuesto y soy obediente y comeré la bueno de la tierra. Entro a la buena tierra por fe.

La buena tierra es mi herencia en Cristo.

Disfruto la bendición y prosperidad de la buena tierra. El río de Dios fluye en mi vida.

La lluvia del cielo cae sobre mi vida. Mi cosecha es abundante.

No me falta nada en la buena tierra. Bebo la leche y como la miel. Estoy nutrido en la buena tierra. Disfruto la dulzura del Señor. Vengo a la montaña de Dios.

Yo soy parte de Sion.

Vivo bajo el gobierno y el reino de Dios. Disfruto la bondad de Dios en esta tierra.

Yo soy como el cedro del Líbano.

De los montes desciende vino nuevo en mi vida. Disfruto la grosura del Señor.

Bebo de la fuente de agua viva. Disfruto lo mejor del trigo.

Disfruto los frutos de la tierra. Hay buen aroma en mi vida. Lavo mis pasos en mantequilla.

De la roca brotan ríos de aceite para mí. Soy ungido con aceite fresco.

Yo como y me siento satisfecho.

Alabo a Dios por su bondad en esta tierra.

La gloria del Señor está sobre mi vida en la buena tierra. Vivo en un lugar abundante.

Vivo en un lugar amplio.

Los cielos están abiertos sobre mi vida.

El Señor abre sobre mí su buen tesoro. Recibo una abundancia de lluvia.

Disfruto el vino nuevo del Espíritu. Me siento bajo mi propia higuera.

Tengo mi propio viñedo. Yo prestaré y no tomaré prestado.

Disfruto un banquete continuo en la buena tierra.

La belleza del Señor está sobre mi vida. Tengo belleza en vez de ceniza.

Camino en la fortaleza y el consuelo del Señor. Entro en descanso en la buena tierra.

Vivo seguro en la buena tierra. El rocío del cielo está sobre mi vida.

La palabra del cielo desciende sobre mi vida. Mi vida está llena de humedad y savia.

Soy un árbol de justicia, la siembra del Señor. Disfruto buenas cosas.

No hay hambruna en mi vida.

Yo soy la simiente de Abraham y heredero según la promesa. Por mansedumbre heredo la tierra.

Confesiones para lo mejor

Lo mejor está por venir

Andaré en lo mejor.

Libero mi fe para lo mejor.

Mis peores días y años quedaron atrás.

Sirvo al Dios de lo mejor.

Que el Señor mande lo mejor para mi vida.

Mi Dios es lo mejor, y Él me da lo mejor.

Vivo en la tierra y disfruto lo mejor.

Estoy favorecido con lo mejor.

Mi Dios conoce lo que es mejor para mí.

Viviré mi mejor vida.

Viviré y andaré en excelencia.

Buscaré y desearé lo que es excelente.

Aprobaré cosas que son excelentes.

Tendré un espíritu excelente.

Que la gloria excelente sea en mi vida.

Mi Dios hará cosas excelentes en mi vida.

Que el cielo libere las mejores bendiciones sobre mi vida.

Que de mi vida se derrame lo mejor.

Los caminos de Dios son los mejores caminos para mi vida.

Los planes de Dios son los mejores planes para mi futuro.

Estaré dispuesto y seré obediente, y comeré lo mejor de la tierra.

Dios elige mi herencia y me da lo mejor.

Este será el mejor de los años de mi vida.

Tomaré las mejores decisiones.

Mi Dios me enseña a ganar dinero y me guía por el camino que debo andar.

Mis finanzas serán las mejores.

Disfrutaré lo mejor de Dios.

Comeré lo mejor del trigo.

Tomaré las mejores decisiones.

Andaré en los mejores caminos.

Disfrutaré la grosura y lo mejor de la casa del Señor.

Recibiré las mejores bendiciones.

Le daré lo mejor a Dios.

Le daré mi mejor alabanza y adoración.

Recibiré el mejor ministerio.

Daré las mejores ofrendas.

Mi pensamiento será el mejor

Mi discurso será el mejor.

Entenderé las cosas que son excelentes.

Hablaré de cosas que son excelentes.

Tendré las mejores:

- Las mejores relaciones
- El mejor sueño y descanso
- La mejor paz (shalom)
- La mejor comunión
- Las mejores ideas
- La mejor sabiduría
- El mejor entendimiento
- Los mejores regalos
- Los mejores avances
- Las mejores puertas
- La mejor salud
- La mejor visión
- La mejor esperanza
- Los mejores deseos
- Los mejores motivos
- Los mejores planes
- El mejor conocimiento
- El mejor discernimiento
- Los mejores descuentos
- Las mejores sorpresas
- El mejor aumento
- Los mejores ascensos
- El mejor aceite (unción)
- El mejor vino (mover del Espíritu)
- La mejor ayuda
- Las mejores asignaciones
- La mejor organización
- El mejor orden
- El mejor tiempo
- Las mejores reuniones
- La mejor comunicación
- La mejor enseñanza
- La mejor prédica
- Los mejores pensamientos
- La mejor música
- Las mejores canciones
- El mejor matrimonio
- Los mejores inventos
- El mejor progreso
- Los mejores cambios
- Los mejores movimientos
- Los mejores éxitos

- El mejor consejo
- El mejor curso de acción
- La mejor cosecha
- El mejor impacto
- La mejor protección
- La mejor seguridad
- La mejor creatividad
- La mejor innovación
- Las mejores inversiones

Confesiones de grosura y prosperidad

Soy como un olivo verde en la casa del Señor.

Estaré satisfecho con lo mejor y la grosura.

Disfrutaré la grosura de la casa del Señor.

Seré abundante y próspero.

La unción en mi vida destruye todo yugo.

Estoy creciendo e incrementando y rompo todo yugo.

Mi cuello es muy grande para los yugos del enemigo.

Disfruto la grosura del reino.

Celebro con lo abundante y bueno.

Dios prepara mesa delante de mí.

Yo como en la mesa de Dios.

Dios me alimenta y me fortalece.

Yo soy generoso, y soy hecho abundante.

Mis huesos son fuertes y prósperos.

Rompo todo yugo porque soy próspero.

Disfruto la abundancia y la prosperidad.

Recibo y ando en lo mejor de Dios para mi vida.

Yo como la grosura y bebo la dulzura, y el gozo del Señor es mi fortaleza.

Dios unge mi cabeza con aceite, y mi copa está rebosando.

Habito en la tierra y soy alimentado.
Disfruto la abundancia de la tierra.

Apéndice

ESCRITURAS ADICIONALES SOBRE LA BUENA TIERRA

Para que así no haya en medio de ti mendigo; porque Jehová te bendecirá con abundancia en la tierra que Jehová tu Dios te da por heredad para que la tomes en posesión.

—Deuteronomio 15:4

Mi siervo Moisés ha muerto; ahora, pues, levántate y pasa este Jordán, tú y todo este pueblo, a la tierra que yo les doy a los hijos de Israel. Yo os he entregado, como lo había dicho a Moisés, todo lugar que pisare la planta de vuestro pie.

—Josué 1:2-3

Confía en Jehová, y haz el bien; y habitarás en la tierra, y te apacentarás de la verdad.

—Salmo 37:3

Porque los malignos serán destruidos, pero los que esperan en Jehová, ellos heredarán la tierra.

—Salmo 37:9

Pero los mansos heredarán la tierra, y se recrearán con abundancia de paz.

—Salmo 37:11

Porque los benditos de él heredarán la tierra; y los malditos de él serán destruidos.

—Salmo 37:22

Los justos heredarán la tierra, y vivirán para siempre sobre ella.

—Salmo 37:29

Espera en Jehová, y guarda su camino, y él te exaltará para heredar la tierra; cuando sean destruidos los pecadores, lo verás.

—Salmo 37:34

Porque no se apoderaron de la tierra por su espada, ni su brazo los libró; sino tu diestra, y tu brazo, y la luz de tu rostro, porque te complaciste en ellos.

—Salmo 44:3

Ciertamente cercana está su salvación a los que le temen, para que habite la gloria en nuestra tierra.

—Salmo 85:9

Jehová dará también el bien, y nuestra tierra dará su fruto.

—Salmo 85:12

El justo no será removido jamás; pero los impíos no habitarán la tierra.

—Proverbios 10:30

Se han mostrado las flores en la tierra, el tiempo de la canción ha venido, y en nuestro país se ha oído la voz de la tórtola.

—Cantares 2:12

En aquel día cantarán este cántico en tierra de Judá: Fuerte ciudad tenemos; salvación puso Dios por muros y antemuro.

—Isaías 26:1

Y tu pueblo, todos ellos serán justos, para siempre heredarán la tierra; renuevos de mi plantío, obra de mis manos, para glorificarme.

—Isaías 60:21

En lugar de vuestra doble confusión y de vuestra deshonra, os alabarán en sus heredades; por lo cual en sus tierras poseerán doble honra, y tendrán perpetuo gozo.

—Isaías 61:7

Nunca más te llamarán Desamparada, ni tu tierra se dirá más Desolada; sino que serás llamada Hefzi-bá, y tu tierra, Beula; porque el amor de Jehová estará en ti, y tu tierra será desposada.

—Isaías 62:4

Y estableceré con ellos pacto de paz, y quitaré de la tierra las fieras; y habitarán en el desierto con seguridad, y dormirán en los bosques. Y daré bendición a ellas y a los alrededores de mi collado, y haré descender la lluvia en su tiempo; lluvias de bendición serán. Y el árbol del campo dará su fruto, y la tierra dará su fruto, y estarán sobre su tierra con seguridad; y sabrán que yo soy Jehová, cuando rompa las coyundas de su yugo, y los libre de mano de los que se sirven de ellos. No serán más por despojo de las naciones, ni las fieras de la tierra las devorarán; sino que habitarán con seguridad, y no habrá quien las espante.

—Ezequiel 34:25-28

Habitaréis en la tierra que di a vuestros padres, y vosotros me seréis por pueblo, y yo seré a vosotros por Dios.

—Ezequiel 36:28

Por tanto, profetiza, y diles: Así ha dicho Jehová el Señor: He aquí yo abro vuestros sepulcros, pueblo mío, y os haré subir de vuestras sepulturas, y os traeré a la tierra de Israel. Y sabréis que yo soy Jehová, cuando abra vuestros sepulcros, y os saque de vuestras sepulturas, pueblo mío. Y pondré mi Espíritu en vosotros, y viviréis, y os haré reposar sobre vuestra tierra; y sabréis que yo Jehová hablé, y lo hice, dice Jehová.

—EZEQUIEL 37:12-14

Tierra, no temas; alégrate y gózate, porque Jehová hará grandes cosas.

—JOEL 2:21

Y todas las naciones os dirán bienaventurados; porque seréis tierra deseable, dice Jehová de los ejércitos.

—MALAQUÍAS 3:12

Bienaventurados los mansos, porque ellos recibirán la tierra por heredad.

—MATEO 5:5

Dios bendice a los humildes, pues ellos recibirán la tierra prometida.

—MATEO 5:5, TLA

NOTAS

Introducción
La revelación de la buena tierra

1. Blue Letter Bible, s.v. "gē," consultado el 29 de julio, 2019, https://www.blueletterbible.org/lang/lexicon/lexicon. cfm?Strongs=G1093&t=KJV.

Capítulo 1
Poseer la tierra

1. Blue Letter Bible, s.v. "'anag," consultado el 29 de julio, 2019, https://www.blueletterbible.org/lang/lexicon/lexicon. cfm?Strongs=H6026&t=KJV.

2. Blue Letter Bible, s.v. "'anav," consultado el 29 de julio, 2019, https://www.blueletterbible.org/lang/lexicon/lexicon. cfm?Strongs=H6035&t=KJV.

Capítulo 2
Entre a lo mejor de Dios

1. Andrew Wommack, *"Living in God's Best—Don't Settle for Less"*, Ministerios Andrew Wommack, consultado el 29 de julio, 2019, https://www.awmi.net/reading/teaching-articles/ receive_best/.

2. Christine A. Lindberg, ed., *Oxford American Writer's Thesaurus*, 3a. ed. (New York: Oxford University Press, 2012), s.v. "best", consultado el 29 de julio, 2019, https://books. google.com/books?id=f_xMAgAAQBAJ&q=80#v=snippet&q =best&f=false.

3. Blue Letter Bible, s.v. *"cheleb"*, consultado el 29 de julio, 2019, https://www.blueletterbible.org/lang/lexicon/lexicon. cfm?Strongs=H2459&t=KJV.

4. Sam Oluwatoki, *"The Finest of Wheat"*, The Word (blog), 1 de agosto, 2016, https://brosamueloluwatoki.wordpress.com/2016/08/01/the-finest-of-wheat/.

5. Bible Hub, s.v. "Salmo 81:16," consultado el 29 de julio, 2019, https://biblehub.com/commentaries/barnes/psalms/81.htm.

6. Rich Doebler, *"Opening Our Heart to Believe for God's Best"* (Sermón, Journey Christian Church, Cloquet, MN, 19 de enero, 2014), http://www.cloquetchurch.com/2014/01/opening-our-heart-to-believe-for-gods-best/.

7. Lexico, s.v. *"virtue"*, consultado el 29 de julio, 2019, https://www.lexico.com/en/synonym/virtue.

8. Joseph Prince, *100 Days of Favor* (Lake Mary, FL: Charisma House, 2011), 269.

Capítulo 5
Un lugar grande y abundante

1. "¿Por qué la grosura está reservada para Dios?", *The Simple Answers* [Respuestas Simples], consultado el 29 de julio, 2019, https://www.thesimpleanswers.com/articles/2007/12/09/why-is-the-fat-reserved-for-god/.

2. "¿Por qué la grosura está reservada para Dios?", *The Simple Answers* [Respuestas Sencillas].

3. Blue Letter Bible, s.v. *"cheleb"*.

4. Chaim y Laura Bentorah, *"Word Study—Fat and Kicking"*, Chaim Bentorah, 18 de agosto, 2015, https://www.chaimbentorah.com/2015/08/word-study-fat-and-kicking-%D7%99%EF%AC%AA%D7%A1%D7%9F-%D7%95%D7%99%D7%91%D7%A2%D7%98/?print=print.

Capítulo 6
Una tierra de leche y miel

1. Jonathan Cohen, *"Why Milk and Honey"*, consultado el 29 de julio, 2019, https://www.uhmc.sunysb.edu/surgery/m&h.html.

2. Jane Birch, *"A Land Flowing With 'Milk and Honey'"*, *Discovering the Word of Wisdom*, 18 de febrero, 2019, https://discoveringthewordofwisdom.com/about/the-word-of-wisdom/wow-faqs/milk-and-honey/.

Capítulo 8
Una tierra donde la unción fluye como el aceite

1. Michael Brown, *"A Hebrew Insight That Breaks the Yoke"*, Charisma News, 31 de mayo, 2013, https://www.charismanews.com/opinion/39700-a-hebrew-insight-that-breaks-the-yoke.
2. Brad Sullivan, *"Anointing"*, Brad Sullivan Ministries, 22 de febrero, 2018, http://bradsullivan.org/anointing/.
3. Brad Sullivan, *"Anointing"*,
4. Harold Miller Jr., *"The Anointing That Destroys the Yoke?"*, *A Word in Season*, 4 de junio, 2013, https://haroldmillerjr.com/2013/06/04/the-anointing-that-destroys-the-yoke/.
5. Michelle Corral, *"The Institute of the Anointing: The Supernatural Secret of the Anointing in Your Life"*, consultado el 29 de julio, 2019, https://myemail.constantcontact.com/The-Supernatural-Secret-of-the-Anointing-in-Your-Life.html?soid=1108609739633&aid=x0GVuxsMuYQ.
6. *Lexico*, s.v. "burst", consultado el 29 de julio, 2019, https://www.lexico.com/en/definition/burst.

Capítulo 11
Una tierra de reposo

1. Merriam-Webster, s.v. *"lean"*, consultado el 29 de julio, 2019, https://www.merriam-webster.com/dictionary/leanness.
2. Bible Hub, s.v. *"pining"*, consultado el 29 de julio, 2019, https://biblehub.com/topical/p/pining.htm.

3. Blue Letter Bible, s.v. *"shalach"*, consultado el 29 de julio, 2019, https://www.blueletterbible.org/lang/lexicon/lexicon.cfm?strongs=H7971&t=KJV.

4. Brad Scott, *"Table"*, *Wildbranch Ministry*, consultado el 29 de julio, 2019, https://www.wildbranch.org/teachings/word-studies/19table.html.

5. Blue Letter Bible, s.v. *"apostellō"*, consultado el 31 de julio, 2019, https://www.blueletterbible.org/lang/Lexicon/lexicon.cfm?strongs=G649&t=KJV.

6. Bible Hub, s.v. *"abas"*, consultado el 29 de julio, 2019, https://biblehub.com/hebrew/75.htm. https://www.blueletterbible.org/kjv/eph/4/11/s_1101011

7. Bible Hub, s.v. *"dashen"*, consultado el 29 de julio, 2019, https://biblehub.com/hebrew/1878.htm.

8. Bible Hub, s.v. *"dashen"*.